I nove passi per il successo

Compendio per l'attuazione della norma ISO 27001:2013

I nove passi per il successo

Compendio per l'attuazione della
norma ISO 27001:2013

Terza edizione

ALAN CALDER

IT Governance Publishing

IT Governance Publishing
IT Governance Limited
Unit 3, Clive Court
Bartholomew's Walk
Cambridgeshire Business Park
Ely, Cambridgeshire
CB7 4EA
United Kingdom

www.itgovernance.co.uk

© Alan Calder 2017

L'autore ha affermato i diritti di autore ai sensi del Copyright, Designs and Patents Act, 1988, per essere identificato come autore di questo lavoro.

Prima pubblicazione nel Regno Unito nel 2017
da IT Governance Publishing: ISBN: 978-1-84928-924-5

L'AUTORE

Alan Calder è fondatore e presidente esecutivo di IT Governance Ltd (*www.itgovernance.co.uk*), una società di informazione e consulenza che assiste i Consigli di amministrazione delle imprese nella gestione di tutti gli aspetti relativi a governance informatica, gestione del rischio, conformità e sicurezza dell'informazione. Alan ha occupato per molti anni incarichi di alto livello sia nel settore pubblico che privato.

La società opera siti Web in tutto il mondo distribuendo una gamma di libri, strumenti e altre pubblicazioni sui temi di IT governance, gestione del rischio, conformità e sicurezza dell'informazione.

INDICE

Indice

Indice

INTRODUZIONE

Il rischio informatico o *Cyber Risk* è ormai una questione chiave per le aziende e l'alta direzione è sempre più sotto pressione da clienti, autorità di regolazione e partner che premono affinché l'organizzazione sia in grado di difendersi, reagire e riprendersi da attacchi informatici. La resilienza contro gli attacchi informatici richiede un'organizzazione che non sia soltanto in grado di erigere difese digitali: una percentuale significativa di attacchi andati a buon fine ha origine nel mondo analogico e fisico o è coadiuvata e aggravata da vulnerabilità fisiche e ambientali. Pertanto, un'efficace sicurezza informatica o *Cyber Security* richiede un sistema di gestione della sicurezza delle informazioni completo, sistematico e solido: consigli, clienti e autorità di regolazione sono tutti alla ricerca di assicurazioni per l'identificazione e la gestione dei rischi informatici.

La norma internazionale ISO/IEC 27001:2013 *Tecnologia delle informazioni – Tecniche di sicurezza – Sistemi di gestione della sicurezza delle informazioni – Requisiti* è un piano d'azione per gestire la sicurezza delle informazioni in linea con l'attività, i requisiti contrattuali e normativi e la propensione al rischio di un'organizzazione. La sicurezza delle informazioni è sempre stata una questione internazionale e la nuova versione della Norma riflette otto anni di miglioramenti nella comprensione di un'efficace gestione della sicurezza, tenendo anche conto dell'evoluzione delle minacce informatiche e consentendo un'ampia serie di controlli fondati sulle buone pratiche.

Introduzione

La sicurezza delle informazioni è chiaramente diventata anche un problema di gestione, una responsabilità di governance. La progettazione e realizzazione di un sistema di gestione della sicurezza delle informazioni (SGSI) è una competenza gestionale e non tecnologica. Richiede l'intera gamma di competenze e attributi manageriali: dalla gestione del progetto e determinazione delle priorità tramite la comunicazione, alle capacità di vendita fino alla motivazione per delegare, monitorare e disciplinare. Un buon manager privo di background o conoscenze tecnologiche può occuparsi con successo dell'implementazione di un SGSI, ma senza capacità gestionali, anche il maggiore esperto di sicurezza delle informazioni tecnologicamente sofisticate fallirà nell'impresa.

Ciò è particolarmente vero nel caso in cui l'organizzazione voglia trarre il massimo valore a lungo termine con l'applicazione di un SGSI. Ottenere la certificazione esterna è sempre più un costo canonico a livello di attività, mentre raggiungere il livello di consapevolezza della sicurezza delle informazioni e una buona pratica interna che consente a un'organizzazione di solcare in tutta sicurezza i mari tempestosi e minacciosi dell'era dell'informazione richiede un grado di cambiamento culturale della stessa profondità richiesta per passare da operazioni industriali a post-industriali.

Conosco bene la situazione perché ho un background da direttore generale e non da tecnico. Sono passato alla sicurezza informatica nel 1995 perché ero preoccupato per le esposizioni delle informazioni a possibili minacce che doveva affrontare la società di cui ero amministratore delegato. Quando sei AD e l'argomento t'interessa, hai sempre la facoltà d'implementare un SGSI, come ho dimostrato parecchie volte. Questo libro potrà ridurre la

Introduzione

curva di apprendimento per altri AD nella mia posizione, ma in realtà si rivolge ai manager (spesso responsabili IT o della sicurezza informatica, a volte responsabili della qualità) impegnati ad attuare la norma ISO 27001 e a chiunque voglia capire il percorso da seguire per ottenere un esito positivo. Si basa sull'esperienza di numerose attuazioni ISO 27001 e riflette la metodologia dei nove passi che è alla base di tutti i relativi prodotti e servizi offerti da IT Governance Ltd, la società che ho fondato nel 2005.

I nove passi proposti funzionano in qualsiasi organizzazione (settore pubblico, volontario o privato) e in qualsiasi parte del mondo. Tecnologia, infrastrutture, modello operativo, architettura organizzativa e requisiti normativi contribuiscono a inquadrare il contesto per l'implementazione di un SGSI per ISO 27001, ma non ne limitano l'applicabilità. Abbiamo contribuito a implementare un SGSI per ISO 27001 nelle attività con solo due soci come in società di grandi dimensioni, multinazionali e globali e nelle organizzazioni di tutte le dimensioni e tipologie possibili.

Per esperienza, ritengo che la seconda sfida più grande che i tecnici di sicurezza informatica si trovano ad affrontare sia attirare e mantenere l'attenzione del Consiglio di amministrazione. La sfida principale è conquistare e mantenere vivo l'*interesse* dell'organizzazione e l'*applicazione* al progetto. L'attuale attenzione della stampa e del pubblico ha risvegliato l'interesse nei confronti del rischio informatico dei Consigli di amministrazione che, una volta compresa la necessità di agire in modo sistematico ed esaustivo contro le eventuali minacce, hanno iniziato a rivolgersi ai tecnici specializzati in Information Security. Hanno perfino iniziato a investire capitali sociali in soluzioni

3

hardware e software e a commissionare lo sviluppo di un nuovo SGSI o a rafforzare quello esistente.

Un progetto SGSI di successo nasce e dipende da un reale sostegno dell'alta direzione. I progressi risultano più rapidi se il progetto è frutto di un'incredibile esigenza operativa: ad esempio, per riuscire a stipulare contratti di esternalizzazione o con altri clienti, ridurre i costi di conformità normativa, migliorare la competitività o ridurre i costi di conformità normativa e le esposizioni.

Quando abbiamo deciso di affrontare il discorso della sicurezza informatica nel lontano 1995, alla mia organizzazione è stato chiesto di ottenere la Certificazione ISO 9001 e il riconoscimento Investors in People (IiP) come condizione per la licenza di marchio e di commercializzazione. Avevamo anche intenzione di vendere i servizi di gestione ambientale e di sicurezza delle informazioni, oltre che per il desiderio di mettere in pratica ciò che avevamo predicato per la convinzione di poter ottenere i benefici riconoscibili e derivanti dalla gestione di tutte queste componenti operative e così abbiamo deciso di puntare contemporaneamente sulle certificazioni BS 7799 e ISO 14001.

All'epoca, la certificazione BS 7799 esisteva solo in forma non accreditata ed era, in sostanza, un codice di condotta. Benché solo parziale e nonostante la certificazione non fosse tecnicamente possibile, alcuni organismi di certificazione mostrarono subito interesse a rilasciare le dichiarazioni di conformità. Le altre norme di nostro interesse esistevano già, ma, all'epoca, era comunemente previsto che un'organizzazione si avvicinasse a ogni standard in questione da sola, sviluppando manuali e procedure indipendenti. La cosa non sorprende, considerando quanto fosse insolito che una società cercasse di ottenere più di una certificazione in contemporanea!

Prendemmo l'importante decisione di affrontare la questione più da un punto di vista prevalentemente commerciale che qualitativo. Decidemmo di creare un unico sistema di gestione integrato che avrebbe funzionato per la nostra attività, consentendoci di ottenere più certificazioni. Mentre tutto ciò andava contro la pratica comune d'implementazione dei sistemi di gestione, sembrava essere completamente in linea con lo spirito delle norme stesse.

Decidemmo, inoltre, di far partecipare al processo di creazione e sviluppo del sistema di gestione integrato da noi immaginato tutti i membri dell'organizzazione. Ritenevamo fosse il modo più veloce e sicuro per farli collaborare attivamente al progetto, a breve e a lungo termine. Ci siamo avvalsi di consulenti esterni per una parte del progetto ISO 9001, ma non esistevano esperti esterni disponibili per la norma BS 7799.

L'assenza di tali esperti ha rappresentato una sfida minore rispetto alla mancanza di libri o strumenti utili. Oggi, è possibile acquistare libri come *An Introduction to ISO27001 and Information Security* (Introduzione alla norma ISO27001 e alla sicurezza delle informazioni), mentre all'epoca c'erano scaffali pieni di tomi che trattavano tutte le questioni della sicurezza delle informazioni dal punto di vista tecnologico, ma nessuno che potesse spiegare a un direttore come implementare sistematicamente un simile sistema di gestione. Non avevamo altra scelta: dovevamo fare da soli.

In realtà abbiamo fatto il lavoro due volte: la prima per il progetto non accreditato e la seconda dopo che la Norma era stato divisa in due parti e accreditata (la prima parte iniziale era diventata un codice di condotta ed era stata introdotta una nuova parte, che rappresentava una specifica per il sistema di gestione della sicurezza delle informazioni). Di fatto, la verifica ispettiva accreditata da noi sostenuta è stata la prima effettuata dal nostro organismo di certificazione per l'accreditamento UKAS. Oltre a essere stata un'esperienza interessante, ha dimostrato la particolare solidità dei nostri sistemi per poter superare l'esame di ben due tipi di revisori esterni in contemporanea!

Siamo stati sottoposti a esame esterno in cinque diverse occasioni nel giro di pochi mesi e il nostro sistema di gestione integrato ha ottenuto tutte le certificazioni e riconoscimenti esterni necessari. Abbiamo operato basandoci soltanto sull'assistenza part-time di un consulente ISO 9001 e di un team di gestione della qualità interna composto da una sola persona. Steve Watkins, ora dirigente di IT Governance Ltd nonché valutatore tecnico UKAS per ISO 27001, era il responsabile della qualità e ha fatto contribuito grandemente a creare il nostro sistema di gestione multi-standard integrato. Certo, l'organizzazione era relativamente piccola, ma pur avendo soltanto circa 80 dipendenti (divisi in tre sedi), avevamo anche un team di circa un centinaio di consulenti associati. All'epoca, non avremmo potuto realizzare niente di tanto complesso con un'organizzazione più grande.

Le lezioni che Steve e io abbiamo imparato dalle prime due implementazioni (e dall'esperienza con le attuazioni della norma ISO 27001 da allora, spesso in organizzazioni del settore pubblico e privato decisamente grandi) ci hanno permesso di definire i nove punti per ottenere un'implementazione del SGSI di successo.

Introduzione

Qualsiasi progetto ISO 27001 può essere un successo, se adeguatamente gestito e condotto. Noi l'abbiamo dimostrato. Nel corso degli anni, la mia organizzazione (IT Governance Ltd: *www.itgovernance.co.uk*) ha sviluppato approcci specifici per l'implementazione di SGSI al fine di aiutare i Project Manager a individuare e superare molti dei problemi reali da affrontare per ottenere un risultato positivo. Abbiamo anche sviluppato tecniche e strumenti unici che semplificano il processo, operano in sinergia con i nove passi descritti in questo libro e permettono alle organizzazioni di ottenere risultati positivi senza ulteriore assistenza esterna. A lungo andare, il successo della sicurezza delle informazioni non dipende dai consulenti ma dall'organizzazione stessa. Questo libro descrive le questioni chiave, gli elementi costitutivi del successo e spiega come affrontarli.

Il libro vuole essere una guida ad alto livello per impostare i nove passi del processo di implementazione e, di tanto in tanto, fa riferimento a libri più specifici o a strumenti che sono stati sviluppati o pubblicati dalla mia società. In particolare, si fa spesso riferimento alla guida *IT Governance – An International Guide to Data Security and ISO27001/ISO27002, Sixth Edition* (IT Governance - guida internazionale alla sicurezza dei dati e ISO27001/ISO27002, sesta edizione), notevolmente più dettagliata e completa, che Steve e io abbiamo scritto all'inizio per colmare la lacuna evidente nella guida disponibile per l'argomento. Il libro è ormai diventato un testo post-laurea della Open University sulla sicurezza delle informazioni.

Il libro o lo strumento è un riferimento specifico unico ed è stato sviluppato per realizzare il compito specifico come descritto. Abbiamo realizzato libri, strumenti e servizi specifici semplicemente perché non c'era nulla di simile disponibile sul mercato o nulla che offrisse il tipo di ritorno sugli investimenti desiderato dai nostri clienti.

La famiglia ISO 27000

La norma sulla sicurezza delle informazioni è, in realtà, uno standard diviso in due parti che ha subito una notevole evoluzione. Una parte della norma (ISO 27001: 2013) prevede una specifica per SGSI (usando parole come "dovrà", in particolare nell'Annex A, che riporta il catalogo delle contromisure). L'altra parte (ISO 27002: 2013) rappresenta un Codice di condotta, una guida esaustiva sulle buone pratiche di sicurezza delle informazioni di tutto il mondo.

Nell'ambito delle norme per i sistemi di gestione, la differenza tra una specifica e un Codice di condotta è che la prima contiene verbi al presente e al futuro e indica ciò che è obbligatorio per un sistema al fine di soddisfare la conformità alla norma, mentre il secondo fornisce le linee guida e usa il condizionale per indicare che la conformità non è obbligatoria. Le organizzazioni possono scegliere i controlli contenuti nel Codice di condotta o altro, a condizione che siano soddisfatti i requisiti della specifica. La certificazione accreditata avviene per una specifica dei requisiti e non per un Codice di condotta.

La norma ISO 27001 è legata alla ISO 27002 che fornisce indicazioni su come attuare tali contromisure nel caso in cui l'organizzazione utilizzi quelle di cui all'Annex A.

Queste due norme sono supportate dalla ISO 27000, che fornisce le definizioni su cui si basano. Questo libro è un breve compendio con utili linee guida e tutte le definizioni fondamentali per contribuire a garantire l'armonizzazione di soggetti coinvolti nel progetto di implementazione.

È necessario essere in possesso delle copie della norma *ISO/IEC 27001:2013* e della norma *ISO/IEC 27002:2013*, di cui serve approfondita conoscenza. La conformità sarà valutata specificamente ai sensi della norma ISO 27001 e i termini precisi usati nello standard avranno la precedenza su eventuali altre linee guida o commenti. È possibile avere le copie delle norme dagli organismi nazionali o da *www.itgovernance.co.uk* (IT Governance Ltd è un distributore autorizzato delle norme per una serie di organismi di normalizzazione).

Per fugare ogni dubbio o incertezza, il revisore per la certificazione farà riferimento alle norme: collegando ogni azione a termini specifici presenti nella norma, il successo è assicurato. Non è, comunque, detto che fare qualcosa che non viene specificato nella norma sia errato La norma è un requisito *minimo*, non massimo.

Collegamenti ad altre norme

La norma ISO 27001 è supportata da una famiglia di norme relative alle buone pratiche, ognuna delle quali fornisce delle linee guida aggiuntive su un aspetto specifico di gestione della sicurezza delle informazioni. Questa famiglia di norme è in continua evoluzione e crescita e le informazioni aggiornate sono disponibili su *www.itgovernance.eu/iso27000-family*.

La norma ISO 27001:2013 si armonizza con ISO 9001:2015 e ISO 14001:2015, oltre che con le norme ISO 22301, ISO 20000-1 e ISO 50001, in modo da integrare efficacemente i sistemi di gestione.

La norma ISO 27001 riconosce implicitamente che la sicurezza delle informazioni e un SGSI dovrebbero costituire parte integrante di qualsiasi sistema di controllo interno creato come parte delle procedure di corporate governance. La norma è in sintonia con l'approccio adottato nel Regno Unito dalle Linee guida sulla gestione del rischio di FRC. Esiste un'ulteriore discussione sui rapporti con le altre norme, più dettagliatamente sulla correlazione con la norma ISO 27002 e un primo orientamento sulle linee guida quali ITIL (e ISO 20000) e COBIT da utilizzare nell'attuazione della norma ISO 27001 in *An Introduction to ISO27001 and Information Security* (Introduzione alla norma ISO27001 e sicurezza delle informazioni).

Prima di iniziare

Prima di avviare il progetto SGSI sarebbe consigliabile avere una formazione adeguata.

I corsi di formazione più utili sono quelli che forniscono un'introduzione a tutto tondo sull'argomento: quelli che coprono l'implementazione e quelli che trattano la verifica ispettiva. I corsi più validi sono accreditati da un organismo esaminatore esterno, come IBITGQ (International Board for IT Governance Qualifications (Comitato internazionale per le qualifiche di IT Governance) – *www.ibitggq.org*).

Il corso base SGSI ISO27001 dura un giorno, consente di sviluppare un'ampia consapevolezza del soggetto ed è adatto per tutti i membri del team di progetto.

Il corso di Lead Implementer ISO27001 è l'ideale per i futuri responsabili di progetto. Il corso dura tre giorni e fornisce una guida pratica per un'implementazione efficace. La qualifica di Lead Implementer certificato per la sicurezza delle informazioni (CIS LI - Certified Information Security Lead Implementer) è ampiamente riconosciuta e i corsi e gli esami CIS LI riflettono l'approccio dei nove passi descritto in questo libro.

Tutti i sistemi di gestione devono essere soggetti a verifica ispettiva (di gestione) interna e il corso per Lead Auditor SGSI (o, eventualmente, SGSI interno) fornirà le competenze necessarie per svolgere la missione in modo efficace a coloro che si occuperanno all'interno dell'organizzazione della progettazione e gestione del processo interno di verifica ispettiva per la sicurezza delle informazioni.

Per ulteriori informazioni sui predetti corsi e su altri: *www.itgovernance.eu/itg-training-courses*. Le qualifiche possono si ottengono frequentando un corso fisicamente (con spese di viaggio e alloggio giornaliero) oppure online (vitto a proprie spese).

La formazione avrà anche un importante ruolo di facilitazione delle varie modifiche eventualmente necessarie per l'organizzazione a livello di gestione della sicurezza delle informazioni. Esporre all'intero team di progetto i principi della norma ISO 27001 con un corso di formazione di base è un passo importante da fare dopo i corsi fondamentali per Lead Implementer e Lead Auditor. Anche l'intero personale aziendale necessiterà di formazione specifica relativamente a quegli aspetti della politica di sicurezza che interesserà il loro lavoro quotidiano. Il Manager IT e il relativo personale dovranno avere competenze specifiche a livello di sicurezza delle informazioni (vedere ISO 27001, punto 7.2) e, in caso debbano essere migliorate con una formazione specifica, questa dovrebbe essere ad opera di un'organizzazione in grado di riconoscere e comprendere gli aspetti tecnici della formazione ISO 27001. Per ulteriori informazioni sui corsi più adeguati: *www.itgovernance.eu/itg-training-courses*.

CAPITOLO 1: MANDATO DEL PROGETTO

Può sembrare un cliché, ma per quanto riguarda i progetti relativi al sistema di gestione della sicurezza delle informazione (SGSI) vale assolutamente il detto "chi ben inizia è a metà dell'opera". La persona incaricata di seguire un progetto SGSI ISO/IEC 27001:2013 deve occuparsi d ridurre qualcosa che sembra potenzialmente complessa, difficile e costosa in termini di tempo e risorse, in qualcosa che tutti credono possa essere realizzata nei tempi assegnati e con le risorse consentite. Deve, poi, assicurarsi che venga realmente messo in atto!

Ciò significa in realtà che il Project Leader SGSI dovrà impostarlo in modo tale da avere le risorse adeguate, il tempo sufficiente (calcolando eventuali problemi) e la comprensione generale dei rischi del progetto, oltre ad accettare le contromisure applicate per ridurre al minimo tali rischi.

I cambiamenti non piacciono praticamente a nessuno. Sono poche le persone che assaporano il piacere dell'ignoto. La maggior parte delle persone considererà il progetto SGSI come qualcosa che porterà cambiamenti e ignoto nella loro vita lavorativa e non tutti saranno pronti ad accoglierlo benevolmente. È normale, ma alla fine si metteranno tutti in pista.

Nella prima fase del progetto, il Project Leader è la persona a cui tutti gli altri si rivolgono per approfondimenti, aiuto e sostegno all'interno dell'organizzazione. Spetta al responsabile del progetto alimentare entusiasmo, certezze e comprensione di quanto coinvolto.

Ciò significa che l'apprendimento sul campo in modo trasparente non è consigliabile, ma ciò non vuol dire che sia necessario conoscere tutte le risposte, in via preliminare, perché non sarebbe realistico. Avendo una chiara comprensione dei problemi strategici e una conoscenza pratica su chi rivolgersi per consulenza e orientamento, si può essere efficaci pur essendo soltanto uno o due giorni avanti a tutti gli altri nella conoscenza dettagliata richiesta per il progetto.

Sono innumerevoli le volte in cui qualcuno ha intrapreso l'implementazione di un progetto SGSI senza una preparazione adeguata, non è riuscito a rispondere a una serie di domande o risolvere una serie di problemi su questioni specifiche in modo adeguato ed è rimasto sorpreso per come il progetto abbia perso credibilità piuttosto rapidamente.

Il supporto al progetto dell'Amministratore delegato è ancora più importante della comprensione di ciò che si sta cercando di raggiungere. La sicurezza delle informazioni è tanto un problema di gestione quanto di governance. Il successo dell'implementazione di un SGSI dipende particolarmente dal sostegno dei vertici dell'organizzazione al progetto. Con tale sostegno, le chance di successo sono concrete. Senza, assolutamente no! *Assicurarsi il concreto supporto dei vertici manageriali* (non solo formale) è la chiave per il successo della norma ISO 27001. In questo contesto, non sto necessariamente parlando dell'AD di una grande organizzazione con più controllate, ma della persona responsabile del successo o insuccesso commerciale dell'attività che sta prendendo in considerazione l'attuazione della norma ISO 27001. Potrebbe essere una divisione commerciale, una società controllata, un'unità autonoma o un'organizzazione virtuale.

È importante chiarire il significato di "responsabile" in questo contesto. Mi riferisco alla persona il cui lavoro e la cui carriera dipendono in definitiva dal successo dell'attività che sta prendendo in considerazione la norma ISO 27001. Si tratta della persona che svolge sempre il ruolo di "colui su cui ricade la responsabilità". Tutte le organizzazioni sanno esattamente chi ha la responsabilità, vale a dire l'AD a cui mi riferisco nel presente capitolo.

Allineamento strategico

Il primo motivo per cui l'AD deve sostenere il progetto SGSI e chi lo promuove è che si tratta di un progetto commerciale e non IT. Dev'essere totalmente allineato con il modello, la strategia e gli obiettivi aziendali e deve dare priorità all'attività, assegnando un adeguato livello di risorse. Benché sia improbabile che l'AD possa essere il responsabile del progetto SGSI, è l'unica persona in grado di dare priorità alla sicurezza delle informazioni. Nessun singolo Project Leader è in grado di conoscere chiaramente le esigenze strategiche e gli obiettivi dell'organizzazione, ma essendo un progetto strategico che interessa tutti, è necessario essere "nel giro" in modo da poter adattare i piani per fornire le priorità operative dell'organizzazione.

È, inoltre, necessario sapere quali sono i rischi strategici affrontati dall'organizzazione e come si riflettono e danno priorità ai rischi per la sicurezza delle informazioni. Le domande possibili sono numerose e le risposte saranno fondamentali per l'approccio da scegliere e la pianificazione dettagliata. Il rischio di furto di proprietà intellettuale è più importante e ha un maggiore impatto potenziale, ad esempio, del rischio di chiusura entro tre giorni lavorativi? La conformità alle norme è più o meno importante della riduzione del costo delle vendite? La sicurezza delle informazioni e la conformità normativa sarano importante nelle soluzioni di esternalizzazione (o in presenza di una scelta tra un costo inferiore, ma meno sicuro, e un'opzione di esternalizzazione più sicura ma più costosa, quale sceglierà l'organizzazione)? Come dovrebbe essere risolto il conflitto tra i requisiti normativi di due giurisdizioni diverse dove opera l'organizzazione? Qual è il trade-off tra la flessibilità operativa consentita alle organizzazioni controllate e la realizzazione di un minimo livello omogeneo di sicurezza delle informazioni e di affidabilità del servizio IT? Quali sono i piani a lungo termine per i servizi di sostegno specifico (se prevedranno l'esternalizzazione, l'approccio all'implementazione del SGSI sarà diversa rispetto ai piani in-house)? Le domande sono tante e sarà necessario conoscere le risposte prima di iniziare perfino la pianificazione, mentre molte altre verranno in corso di lavorazione.

Definizione delle priorità e approvazione

Il secondo motivo per cui si richiede un simile livello di supporto è che senza un siile aiuto il progetto non potrebbe avverarsi. Non è sufficiente che l'AD e la direzione si convincano che il progetto è importante. Non basta che si limitino a parlarne. Non serve solo essere a conoscenza delle priorità strategiche dell'organizzazione e saper allineare il progetto con il piano operativo.

Se l'alta direzione è coinvolta, dev'essere fortemente e sinceramente determinata a raggiungere l'obiettivo. Il coinvolgimento dei vertici si tramuta in disponibilità delle risorse finanziare e umane necessarie per il progetto e in supervisione, contatto diretto e comunicazioni interne altrettanto necessari. In mancanza di tale coinvolgimento, saranno molte le cose che il personale dell'organizzazione riterrà abbiamo una priorità superiore rispetto al progetto. Certo, potranno esserci *alcune* priorità più importanti, ma è necessario che quella del progetto sia ben compresa all'interno dell'organizzazione e continuamente sostenuta dall'AD.

La priorità del progetto dev'essere chiaramente compresa. In un simile contesto, è necessaria l'approvazione ferma e intransigente dell'Amministratore delegato. Con "approvazione" intendo che, nel caso dovessero occasionalmente comparire barriere interne, the parole: "questo progetto è approvato/assegnato dall'AD" dovrebbero ampiamente superarle.

Gestione del cambiamento

Il terzo motivo per cui è necessario il supporto dell'Amministratore delegato è che un progetto SGSI richiede probabilmente la gestione del cambiamento. Implementare un SGSI è un'attività ad alto impatto. Può richiedere cambiamenti nelle procedure usate dagli utenti dei PC nello svolgere alcuni compiti e influisce sugli aspetti delle attività quotidiane dei direttori. In altre parole, un progetto SGSI votato al successo è un progetto di cambiamento low-key, ma comunque ad ampio spettro e il modo in cui ci si avvicina deve attingere all'esperienza dei programmi di gestione del cambiamento che hanno avuto esito positivo.

Sono stati scritti numerosi libri sulla gestione del cambiamento. Molti di questi progetti non riescono a offrire i benefici menzionati per giustificare le spese di avviamento e a vedere oltre. L'implementazione positiva di un SGSI non richiede un programma strategico e dettagliato di gestione del cambiamento, soprattutto non uno ideato e gestito da consulenti esterni, ma soltanto una totale chiarezza tra alta direzione, responsabili dell'avanzamento del progetto e coloro le cui pratiche di lavoro saranno intaccate sul motivo per cui il cambiamento è necessario, come dev'essere il risultato finale e perché è fondamentale. Gli aspetti di gestione del cambiamento sono la terza ragione per cui il supporto e il sostegno dell'AD è essenziale: deve dare l'esempio, facendo tutto ciò che si vorrebbe facessero gli altri.

In realtà, è la Norma stessa a richiedere un simile livello di supporto. Nessun organismo concederà mai la certificazione SGSI a un sistema che non dimostri un solido impegno dei vertici dell'organizzazione. Il motivo è semplice: in assenza d'impegno, il SGSI non sarà sufficiente. Non saranno adeguatamente riconosciuti o completamente affrontati i rischi per l'organizzazione e non saranno probabilmente presi in considerazione gli obiettivi strategici dell'attività con i conseguenti futuri requisiti di sicurezza delle informazioni.

Il ruolo dell'Amministratore delegato

Idealmente, l'AD dovrebbe essere la forza trainante del programma e l'ottenimento della certificazione ISO 27001 dovrebbe essere un obiettivo chiaramente indicato nel piano di attività in corso. L'AD deve comprendere pienamente le questioni strategiche relative a IT governance e sicurezza delle informazioni, oltre al valore della certificazione per la società. L'AD dev'essere in grado di spiegare tutto ciò al Consiglio di amministrazione e ai vertici dell'organizzazione e di gestire obiezioni ed eventuali problemi che potrebbero insorgere. Soprattutto, deve avere il polso della parte del piano di attività relativa all'argomento in modo da mantenerlo sui binari giusti per raggiungere gli obiettivi strategici.

Il Presidente e il Consiglio di amministrazione dovrebbero prestare al piano d'attuazione della norma ISO 27001 la stessa attenzione che prestano agli altri obiettivi chiave dell'attività. Il punto 5.1 della Norma richiede specificamente la prova di quest'impegno dall'alto: "L'alta direzione deve dimostrare leadership e impegno relativamente al sistema di gestione della sicurezza delle informazioni." Se l'AD, il Presidente e il Consiglio di amministrazione non spingono il progetto, è tutto inutile: la certificazione non si ottiene senza una prova chiara del loro impegno. Il principio di leadership dall'alto è, naturalmente, essenziale anche per tutti i principali progetti di cambiamento.

Per l'AD dell'organizzazione, la lettura di questo libro è assolutamente perfetta per prepararsi a guidare il progetto di sicurezza delle informazioni. Gli altri, invece, dovranno imparare a garantire il tipo di impegno e supporto precedentemente descritti.

Il Project Leader di un progetto SGSI è un Business Leader, un COO (Chief Operations Officer) o una serie di Business Leader. L'adozione di un SGSI è un progetto di business e la leadership operativa è quindi fondamentale per il suo successo. Spesso un progetto SGSI fallisce perché è stato apparentemente impostato come di genere tecnologico ed è quindi visto e trattato come qualcosa di delimitato che non merita un impegno totale. "Solo un altro progetto IT" è un messaggio sbagliato per far entrare un SGSI nella cultura dell'organizzazione.

Certo, ci sono organizzazioni in cui il Chief Information Officer (CIO) è un membro del team dell'alta direzione, è responsabile di una funzione integrata che include la sicurezza delle informazioni e ha già la piena fiducia e il sostegno dell'AD e del Consiglio di amministrazione. In una tale organizzazione, il CIO potrebbe essere la guida del progetto, ma ci sarà ancora bisogno dell'impegno e del sostegno dell'AD, anche solo affinché tutti i membri dell'organizzazione capiscano che riconoscere il valore della sicurezza è una priorità dell'attività. Il CIO avrà, inoltre, urgente bisogno di istituire un team di progetto interaziendale, ma di ciò ne parleremo più avanti.

Mandato di progetto

Il mandato di progetto è la prova iniziale dell'impegno in un formato utilizzabile. Un mandato di progetto (o PID) è un documento ampiamente usato per definire gli elementi chiave di qualsiasi progetto complesso. Assicura un unico, originale punto di riferimento che stabilisce le tre variabili chiavi per il successo del progetto: deliverable, tempistica e budget.

I progetti complessi possono fallire perché una o più delle tre predette variabili è/sono scarsamente identificata/e. Lo "scope creep" è uno dei motivi più comuni per il fallimento del progetto. Pertanto, i mandati di progetto devono cercare di identificare chiaramente il campo di applicazione e di fissare le tre variabili al fine di supportare un efficace processo di governance del progetto.

Il mandato di progetto dovrebbe rivolgersi ai seguenti quattro punti:

1. Deliverable: identificare come obiettivo l'ottenimento della certificazione ISO 27001 per una precisa parte o per l'intera organizzazione e, se possibile, identificare il motivo per cui la sicurezza delle informazioni è importante per l'organizzazione.

2. Tempistica: creare un piano di progetto di massima e stabilire una data per il raggiungimento dell'obiettivo sulla base dei nove passi per il successo.

3. Budget: identificare le risorse, interne ed esterne, come pure la formazione, il software e gli strumenti necessari per la realizzazione del progetto.

4. Autorizzazione a procedere: il mandato dovrebbe contenere l'approvazione della direzione per il progetto e l'autorizzazione a procedere al fine di raggiungere gli obiettivi identificati usando le risorse preventivate.

Deliverable e obiettivo del progetto

Il deliverable del progetto è piuttosto facile da definire (ad esempio, ottenere la certificazione ISO 27001 in quattro mesi), ma è anche necessario capire perfettamente i motivi che spingono al raggiungimento dell'obiettivo e chiarire la differenza fra l'obiettivo del progetto e quelli della sicurezza delle informazioni.

Il sistema di gestione della sicurezza delle informazioni mira ovviamente a ridurre e controllare i rischi per le informazioni. L'effettivo obiettivo (o gli effettivi obiettivi) del progetto SGSI può essere diverso dalle finalità dello stesso SGSI e tali differenze dovrebbero essere chiaramente comprese se si è adeguatamente concentrati sul progetto e sul SGSI. L'obiettivo del progetto potrebbe essere, ad esempio, garantire la certificazione ISO 27001 entro una tempistica precisa al fine di soddisfare i requisiti contrattuali o normativi, migliorare la competitività dell'attività o ridurre il costo e la complessità delle vendite e migliorare le risposte di marketing alle gare di appalto. In altre parole, gli obiettivi del progetto sono specificamente collegati ai benefici aziendali che ne derivano dal loro raggiungimento. Gli obiettivi del progetto sono solitamente di alto livello e le relative prestazioni facilmente rintracciabili.

Gli obiettivi a livello di sicurezza delle informazioni possono essere collegati a quelli del progetto, ma non necessariamente. Gli obiettivi a livello di sicurezza delle informazioni sono assolutamente collegati alla conservazione della riservatezza, integrità e disponibilità delle informazioni nell'ambito dell'organizzazione e alla loro propensione al rischio. I progressi nel raggiungimento di tali obiettivi devono essere misurabili, il che significa che questi devono essere specifici, misurabili, raggiungibili, realistici e limitati nel tempo. Gli obiettivi tipici potrebbero essere, per esempio, quello di ridurre il numero di incidenti deleteri relativi alla sicurezza delle informazioni da 14 a due l'anno o di aumentare la disponibilità della rete dal 97% e $20 \times 7 \times 360$ a 99.99999% e $24 \times 7 \times 365$. Tali obiettivi saranno suddivisi in obiettivi di livello inferiore e la responsabilità per il loro raggiungimento sarà dei reparti e dei livelli adeguati all'interno dell'organizzazione.

Gap analysis

La maggior parte delle organizzazioni si sta già muovendo per gestire la sicurezza delle informazioni. Possono esserci notevoli vulnerabilità, ma è sempre meglio che non fare niente! Pertanto, il punto di partenza del progetto dev'essere comprendere il divario esistente fra le pratiche correnti e i requisiti stabiliti nella norma ISO 27001 e il migliore modo per ridurlo è avvalersi di quella che chiamiamo "gap analysis". Si tratta di una verifica ispettiva rapida e ragionevolmente ad alto livello delle pratiche di gestione esistenti relativamente alla sicurezza delle informazioni rispetto ai requisiti della norma ISO 27001, che identifica la presenza di un'insufficienza e le risorse e capacità esistenti per colmare tale divario o le risorse eventualmente necessarie dall'esterno.

Se gli obiettivi di sicurezza delle informazioni sono già stati definiti, l'analisi potrebbe anche identificare quali misure dovranno ancora essere adottate al fine di raggiungere tali obiettivi.

Il risultato della gap analysis potrebbe essere definito come "piano di miglioramento della sicurezza" o SIP (Security Improvement Plan). Il SIP diventa, pertanto, il piano di progetto SGSI.

Budget e risorse

Il SGSI della norma ISO 27001 ISMS può essere implementato individualmente o senza investimenti in strumenti e formazione. Per la norma ISO 27001, le "risorse" si riferiscono a quelle umane, tecniche, finanziarie e d'informazione. Gli strumenti appositamente progettati sono in grado di ridurre tempo, errori e costi del progetto I due strumenti maggiormente utili sono i template documentali e il software di valutazione del rischio. La soluzione della valutazione del rischio che maggiormente raccomandiamo è disponibile direttamente con Vigilant Software al seguente indirizzo: *www.vigilantsoftware.co.uk*.

Sarà necessario il contributo di numerose persone dell'organizzazione a diversi livelli. Inoltre, si potranno usare consulenti esterni, come guida o per la necessità di risorse aggiuntive per la realizzazione del piano di progetto. Sono numerose le aree specifiche in cui i consulenti possono essere utili:

- È possibile avvalersi di consulenti (terzi di fiducia) per comunicare all'organizzazione la gravità dei rischi relativamente alle informazioni e la necessità, quindi, di un SGSI.

- È possibile avvalersi di consulenti per fornire consigli su problemi specifici (più spesso tecniche; per esempio, su attività di scoping e su come le minacce esterne o interne potrebbero influenzare le decisioni sul campo di applicazione del progetto) per effettuare una valutazione del rischio, gestire la documentazione o dare suggerimenti sull'integrazione con altri sistemi di gestione.

- È possibile (e potrebbe essere consigliato) avvalersi di consulenti per aiutare a identificare opportuni controlli tecnici per i rischi specifici identificati. Ciò vale a condizione che i consulenti non abbiano alcun interesse finanziario in tutte le soluzioni che potrebbero consigliare e raccomandare e possano aiutare ad applicare le due misure finanziarie chiave del ritorno sugli investimenti (ROI - Return on Investment) e del costo totale di proprietà (TCO - Total Cost of Ownership) per eventuali soluzioni proposte.

- È possibile avvalersi di consulenti con capacità orientative per rivedere documenti critici e fungere da cassa di risonanza con eventuali interlocutori per discussioni sulle fasi e questioni fondamentali del progetto ed eventuali soluzioni.

Non è necessario avvalersi di consulenti esterni per ottenere la certificazione ISO 27001. Molte organizzazioni svolgono tutto il lavoro con le loro sole forze. Molte altre semplicemente non hanno né il tempo né le risorse per strutturare, gestire e realizzare un progetto SGSI senza un intervento aggiuntivo. Avvalersi o meno di consulenti dipende, pertanto, dalle disponibilità delle risorse, del budget e dalla preferenza culturale dell'organizzazione per la realizzazione del sistema, vale a dire individualmente o usufruendo dell'esperienza esterna.

I principali benefici per l'impiego di consulenti esterni dovrebbero essere:

- pur lavorando anche solo un giorno alla settimana, il loro tempo è dedicato esclusivamente al progetto e

- vantano una notevole esperienza per quanto riguarda l'attuazione della norma ISO 27001 e ciò dovrebbe evitare vicoli ciechi, metodologie impraticabili o estremamente dettagliate, implementazioni scollegate o perdita di vista della visione generale.

Inutile dire che l'impiego di consulenti dovrebbe essere garanzia di presenza della necessaria esperienza nell'attuazione della norma ISO 27001 e, naturalmente, devono essere anche loro certificati ISO 27001.

L'approccio "fai da te" può essere semplificato e velocizzato utilizzando le tecniche e gli strumenti definiti nel presente libro e seguendo il metodo dei nove passi.

Il risultato della gap analysis è, pertanto, un punto di partenza ideale per stabilire i requisiti del progetto a livello di risorse, partendo dalla decisione sull'utilizzo o meno di consulenti esterni o sul reclutamento di ruoli chiave per progetto o SGSI. È particolarmente utile identificare chi sarà necessario nel team del progetto SGSI (ne parleremo più avanti), chi sarà invitato a contribuire e chi svolgerà ruoli chiave del progetto e avrà responsabilità, chi è il fautore del progetto, a chi fa riferimento internamente, come vengono seguiti e relazionati i progressi, ecc.

Il principale beneficio nell'identificare i requisiti relativi alle risorse nel PID è la possibilità di utilizzarle dopo la firma apposta sul progetto dall'alta direzione. In qualsiasi organizzazione in cui una notevole parte delle risorse richieste avrà altri doveri e responsabilità, si tratta di un grande beneficio!

Chi è coinvolto nel SGSI dovrà avere la competenza di svolgere i ruoli affidati. Riparleremo del problema delle competenze più avanti, ma è necessario muoversi immediatamente in modo da coinvolgere fin da subito personale competente!

Oltre alla formazione e allo sviluppo delle competenze, i requisiti delle risorse dovranno includere conoscenze informatiche, kit di strumenti, e-learning della consapevolezza del personale, formazione e/o consulenza. Ogni opzione è debitamente contemplata nel presente libro.

Tempistica e piano di progetto di massima

La gap analysis dovrebbe anche consentire la creazione di un piano di progetto di massima, più sensibilmente nella forma di un diagramma di Gantt. In questo fase, può essere abbastanza ad alto livello, con la definizione delle scadenze, delle fasi e degli obiettivi chiave. Naturalmente, il punto finale del piano di progetto dovrebbe essere il raggiungimento dell'obiettivo entro la tempistica programmata. Gli obiettivi della sicurezza delle informazioni dovrebbero essere perseguiti e raggiunti con tempistiche più lunghe.

Più la pianificazione del progetto diventa dettagliata e più succede lo stesso al diagramma di Gantt, ma sarà necessario rimanere entro le tempistiche originale ed evitare interruzioni del progetto che potrebbe avere un impatto sulla tempistica prestabilita.

Documento di avvio del progetto

Il PID è un documento formale, più comunemente usato all'interno di un progetto PRINCE2®. Il concetto si applica a qualsiasi altro progetto complesso che comprende più collaboratori, alcuni dei quali potrebbero avere ruoli multipli all'interno e all'esterno dello stesso. È anche un modo eccellente per registrare gli obiettivi del progetto in modo chiaro e avere l'approvazione dell'alta direzione per i componenti iniziali chiave del progetto.

Se l'organizzazione ha già un processo che soddisfa questi requisiti, tanto meglio! Si consiglia di iniziare ad usarlo appena il progetto SGSI può essere inserito nell'attività come una normale disposizione. In assenza di un processo simile, è possibile crearne uno o acquistare il kit di strumenti PID su uno dei nostri siti.

All'interno del sistema di gestione dei documenti, il PID dev'essere trattato come una registrazione; dopo tutto, questo è quello che è!

CAPITOLO 2: AVVIO DEL PROGETTO

Il mandato di progetto è il primo passo per dare il via al progetto SGSI. Il secondo passo è quello d'impostare il progetto e la struttura di governance, praticamente un'estensione di quanto contenuto nel PID. La struttura di governance del progetto dev'essere più elaborata per i progetti lunghi e complessi rispetto a quelli più rapidi e relativamente semplici.

La struttura dovrà essere composta da:

- obiettivo del progetto,

- team di progetto, in genere con un comitato specifico per i progetti previsti con una durata superiore ai nove mesi,

- piano di progetto (chi, quando) con una versione più dettagliata del piano di alto livello incluso nel PID, con tanto di date di riesame programmate,

- registro dei rischi di progetto.

Obiettivi

Il progetto e gli obiettivi della sicurezza delle informazioni confluiranno nella relativa politica al fine di divulgare i requisiti della norma ISO 27001 su monitoraggio, misurazione, analisi, valutazione e riesame della gestione. Il progetto comprenderà una dichiarazione limitata nel tempo relativa all'ottenimento della certificazione o alla conformità alla Norma, a seconda dei casi, oltre alla definizione degli obiettivi di sicurezza delle informazioni ad alto livello.

Gestione del progetto

In fase di composizione del PID, si dovrebbe già aver deciso il referente del progetto e, se possibile, chi presiederà il gruppo di progetto/gruppo di lavoro. A questo punto, si dovrebbe iniziare a creare la matrice RACI per il progetto, che identifica Responsabile, Accountable, Consulted e Informed per quanto riguarda le decisioni chiave del progetto e ogni singolo processo di gestione della sicurezza delle informazioni istituito.

Il team di progetto dovrebbe essere composto da ruoli che hanno la responsabilità di rappresentare gli interessi di ogni parte chiave dell'organizzazione. Ciò non significa che quest'ultima debba essere direttamente rappresentata, perché si rischierebbe di creare un team enorme e vasto, ma ogni membro dovrebbe essere consapevole degli interessi da perseguire. Inoltre, dovrebbero esserci anche vari livelli di anzianità, con autorità delegata dal rispettivo direttore/dai rispettivi direttori.

Leadership di progetto

Se l'AD non dovesse guidare personalmente il progetto, sarebbe necessario chiedere il seguente supporto attivo:

- Dichiarazione dell'AD di comprendere i benefici per l'attività derivanti dal perseguire una strategia di sicurezza delle informazioni e il ritorno sugli investimenti (di questo ne parleremo più avanti) che il progetto porterà all'organizzazione.

- Presentazione dell'AD (da prepararsi) sulla strategia di sicurezza delle informazioni al Consiglio di amministrazione, comprensiva della certificazione SGSI per gli obiettivi operativi dell'organizzazione per l'anno in corso, nonché assicurazione del supporto del Consiglio di amministrazione per l'obiettivo espresso nel mandato di progetto e organizzazione del monitoraggio dei progressi del progetto da parte del Consiglio di amministrazione per l'intera durata (a garanzia del raggiungimento e della conservazione del tipo di profilo politico del progetto in grado di migliorare le possibilità di successo).

- Presentazioni personalmente condotte dall'AD (da prepararsi) sul progetto ai dirigenti e all'alta direzione dell'organizzazione, nonché a tutto il personale in ciascuno dei forum utilizzati per la comunicazione al personale.

- Nomina da parte dell'AD del più alto dirigente in linea per sostenere il progetto e guidare il gruppo direttivo (di cui parleremo meglio in seguito), per fornire sostegno e supporto quotidiano e per guidare lo sforzo di gestione del cambiamento. La persona dev'essere personalmente dedicata al successo del progetto e pronta a fare quanto necessario per la sua buona riuscita.

- Chiara definizione da parte dell'AD (per l'alta direzione e per tutti i membri dell'organizzazione) della priorità del progetto e facoltà de referente di chiedere la partecipazione e il coinvolgimento di chiunque possa essere garanzia di successo per il progetto.

- Esempio personale fornito dall'AD per l'applicazione a tutte le pratiche di lavoro e per l'attenzione a tutte le procedure che entreranno a far parte dei nuovi SGSI.

Supporto dell'alta direzione

Il supporto dell'alta direzione è importante quanto quello dell'AD. Il progetto SGSI coinvolge tutte le parti dell'organizzazione e si deve, pertanto, essere sicuri che tutte le figure chiave siano convinte. Ovviamente, ci saranno vari livelli di entusiasmo nei confronti del progetto SGSI e non tutti i vertici dell'organizzazione saranno propensi come auspicabile. Due sono i passi importanti per assicurarsi il supporto necessario da questo gruppo:

1. Istituire un gruppo direttivo trasversale all'interno dell'organizzazione per portare avanti il progetto. L'AD o il vice da lui nominato dovrebbe guidare al gruppo direttivo, che dovrebbe essere principalmente orientato all'attività. In altre parole, il gruppo direttivo dovrebbe essere costituito principalmente da Business Manager con un diretto interesse personale all'efficacia di qualsiasi progetto SGSI e il cui contributo farà in modo che tale progetto soddisfi le esigenze operative e diventi una parte completamente funzionale dell'organizzazione. Il gruppo dovrebbe includere tutti i soggetti che potrebbero opporsi al progetto e, se possibile, dovrebbero essere date loro le responsabilità fondamentali per il successo del progetto. Nel caso ciò non fosse possibile, dovrebbero essere utilizzati metodi alternativi per isolarli (questa è la situazione in cui un Amministratore delegato impegnato dovrebbe dare un contributo personale).

Infine, non smetterò mai di sottolineare l'importanza di avere un gruppo che non sia composto per lo più da esperti IT o da tecnici: si tratta di un progetto di business e non IT. In base alle dimensioni dell'organizzazione, il gruppo potrebbe trasformarsi nel gruppo di progetto. Nelle organizzazioni più grandi, il gruppo direttivo avrà il compito di "rendere operativo" il piano approvato dal Consiglio di amministrazione per l'attuazione di un SGSI, delegando il lavoro dettagliato a un gruppo di progetto e monitorando regolarmente i progressi. Ai membri del gruppo direttivo dovrebbe essere impedito di farsi sostituire da membri più giovani dei loro team. Infine, ricordarsi sempre che i gruppi direttivi dovrebbero avere dimensioni contenute: da tre a sette membri è il numero ottimale per un controllo ottimale e una presa di decisioni efficace.

2. L'Amministratore delegato dovrebbe fare la prima presentazione al gruppo direttivo, concentrandosi sui rischi per la sicurezza delle informazioni affrontati dall'organizzazione e sul potenziale impatto di una mancata implementazione dell'adeguata sicurezza e definendo le relative priorità e l'importanza del progetto. Dovrebbe essere chiaro a tutti nel gruppo direttivo che il progetto ha l'approvazione personale dell'AD, il quale lo supervisionerà per la sua intera durata.

Team di progetto

Nelle grandi organizzazioni, potrebbe essere opportuno avere una struttura di gestione a due livelli come spiegata in precedenza, con un gruppo direttivo gestionale e un team di progetto esecutivo. Il gruppo direttivo dovrebbe essere responsabile della strategia, della governance del progetto e del controllo del SGSI. Il team esecutivo dovrebbe essere responsabile della progettazione, implementazione e funzionamento del SGSI. Nelle organizzazioni più piccole, le funzioni dei due gruppi sono normalmente riunite in un unico gruppo di progetto. Le due tipologie di gruppo potrebbero avere le stesse caratteristiche di quello che viene spesso chiamato "forum interfunzionale".

Il gruppo o team di progetto dovrebbe essere formato da quelle parti dell'organizzazione con maggiori probabilità di essere coinvolte nell'implementazione del SGSI e ci dovrebbe essere anche un numero *ridotto* di esperti funzionali, tra cui risorse umane/personale. L'equilibrio è importante: un SGSI correttamente funzionante dipende dalla comprensione e applicazione dei controlli da parte tutti i presenti nell'organizzazione e se il team di progetto è costituito da una preponderanza di persone non tecniche è più probabile che produca qualcosa che tutti possono capire. Il team deve sicuramente includere almeno un Project Manager esperto, che sarà responsabile di seguire e relazionare i progressi relativamente agli obiettivi programmati. Il team di progetto dovrebbe riportare direttamente al presidente del gruppo direttivo o (preferibilmente) all'AD e dovrebbe avere un'adeguata autorità per implementare il piano di progetto SGSI concordato. I punti 7.1 e 7.2 della norma ISO 27001 richiedono, tra l'altro, l'impiego di risorse adeguate e specifiche per stabilire, mantenere in opera e migliorare continuamente il SGSI. La creazione di un team di progetto adeguatamente strutturato è il primo passo per fare ciò.

I membri del team di progetto dovrebbero essere scelti tra quelli in posizioni di rilievo all'interno dell'organizzazione. Le funzioni principali da rappresentare sono: gestione della qualità/dei processi, risorse umane, formazione, IT e gestione delle strutture, che dovranno modificare le rispettive pratiche di lavoro in modo significativo a seguito della decisione di implementare un SGSI. A parte il dirigente preposto alla sicurezza delle informazioni e un esperto di sicurezza informatica debitamente formato, le funzioni più critiche da rappresentazione saranno vendite, operazioni e amministrazione. Ovviamente, le organizzazioni non commerciali (settore pubblico e no profit, per esempio) sono dotate di unità che operano con i soggetti interessati che dovrebbero essere coinvolti. Le funzioni in cui è impiegata la maggior parte del personale dell'organizzazione sono quelle che saranno maggiormente interessate dall'implementazione di un SGSI. Idealmente, le persone invitate a rappresentare tali funzioni dovrebbero essere gli elementi più anziani e più rispettati.

Come precedentemente citato, il processo di cambiamento che l'attuazione della norma ISO 27001 richiederà ha un impatto culturale. È fondamentale che le persone maggiormente in grado di rappresentare e gestire le esigenze e le preoccupazioni delle parti chiave dell'organizzazione siano incluse nel gruppo di lavoro. Senza il loro coinvolgimento, è improbabile che ottenere l'approvazione necessaria affinché il SGSI sia efficacemente sviluppato e implementato.

Responsabile del team di progetto

La scelta di un responsabile del team di progetto è solitamente fondamentale per il successo finale, tanto per il gruppo quanto per la considerazione e la risposta del resto dell'organizzazione. Pertanto, il responsabile dev'essere qualcuno in grado di avere il rispetto di tutti i membri del team di progetto. Devono essere tutti interamente interessati al raggiungimento dell'obiettivo di un SGSI certificato nei tempi concordati con il Consiglio. Devono essere pragmatici e pronti a "pensare fuori dagli schemi" nell'identificare le soluzioni ideali ai problemi organizzativi che possono ricadere sull'implementazione.

La persona non dovrebbe provenire da una qualsiasi delle funzioni di supporto dell'organizzazione, poiché solitamente viene considerata una scelta che toglie importanza al progetto. In nessun caso, il team di progetto dev'essere guidato da un esperto IT, semplicemente perché l'implementazione di un SGSI non può essere vista soltanto come una proiezione informatica. Di preferenza, dovrebbe avere un'ampia responsabilità gestionale all'interno dell'organizzazione e l'esperienza nella realizzazione di progetti trasversali di cambiamento nell'organizzazione. Idealmente, sarà l'Amministratore delegato o l'amministratore principale del Consiglio che è stato incaricato dell'attuazione della politica di sicurezza del Consiglio.

Nelle organizzazioni più piccole, la persona potrebbe anche essere il dirigente preposto alla sicurezza delle informazioni (descritto qui di seguito). Nelle organizzazioni più grandi, invece, in cui è probabile che sia un ruolo a tempo pieno, il dirigente preposto alla sicurezza delle informazioni dovrebbe riferire al responsabile del gruppo direttivo o all'AD.

La struttura qui delineata non solo è il metodo più efficace per la realizzazione del SGSI, ma è anche una prova evidente dell'impegno all'implementazione da parte dei vertici dell'organizzazione. Il revisore esterno per la norma ISO 27001 si aspetterà di vedere tale prova.

Responsabile della sicurezza delle informazioni

Indipendentemente da qualsiasi decisione presa relativamente all'impiego di consulenti, sarà necessario nominare un responsabile della sicurezza delle informazioni (Information Security Manager). È buona norma che un manager sia reso responsabile di tutte le attività legate alla sicurezza (strategiche e quotidiane) all'interno dell'organizzazione. La persona potrebbe essere nominata prima della formazione del gruppo direttivo e/o del team di progetto e il suo incarico potrebbe includere la formazione del gruppo direttivo e/o del team di progetto. Il vantaggio di tale procedura è la velocità e, potenzialmente, la semplicità di operazione. Il membro del Consiglio responsabile di assicurare l'implementazione del SGSI potrebbe semplicemente scegliere e nominare una persona adeguata che potrebbe formare un team di progetto ideale per portare avanti il progetto. Al contrario, la scelta e la formazione dei membri del gruppo direttivo richiede potenzialmente più tempo e il periodo di apprendimento dei ruoli dovrà precedere il momento della scelta e nomina di un manager adeguato. L'organizzazione potrebbe non voler seguire questo percorso più lento.

Il responsabile della sicurezza delle informazioni non dovrà essere la stessa persona nominata come esperto di sicurezza informatica dell'organizzazione (le abilità richieste per il ruolo manageriale, in particolare in un'organizzazione più grande, possono essere diverse da quelle richieste per il ruolo di esperto della sicurezza) e avrà bisogno di un'adeguata formazione in materia di sicurezza delle informazioni. Ovviamente, la persona scelta per il ruolo manageriale dovrà essere un dirigente efficace, con abilità di gestione del progetto e di comunicazione ben sviluppate.

L'esperienza suggerisce che i progetti ISO 27001 funzionano meglio quando una sola persona ha la responsabilità di assicurare che il SGSI dell'organizzazione soddisfi i requisiti della norma e riporti all'alta direzione sulle prestazioni del sistema. Benché i due ruoli potrebbero essere ricoperti da altrettante persone distinte, possono essere anche affidati al responsabile della sicurezza delle informazioni.

Consulenza specialistica di sicurezza delle informazioni

La sicurezza delle informazioni comporta una serie di considerazioni e aspetti tecnici che devono essere presi in considerazione durante la progettazione e l'implementazione di un SGSI. Come già detto prima, ciò non significa che il progetto dovrebbe essere gestito da un tecnico o avere soltanto un aspetto operativo. L'organizzazione ha bisogno di avere a disposizione la consulenza specializzata sulla sicurezza delle informazioni in grado di dare un contributo dettagliato su minacce, adeguate configurazioni di controllo, monitoraggio affidabile e procedure di controllo, se richieste. Questo ruolo può essere difficile da ricoprire lavorando part-time (se si vuole che l'esperto abbia una conoscenza lavorativa dettagliata dell'organizzazione), ma non tutte le aziende possono permettersi una risorsa a tempo pieno. A questo punto, due sono le alternative, che coinvolgono entrambe una notevole formazione: nominare qualcuno del team IT e assicurarsi che sia adeguatamente formato sui problemi di sicurezza delle informazioni o qualcuno di un altro settore (possibilmente, per le organizzazioni più piccole, il responsabile della sicurezza delle informazioni) e assicurarsi che sia adeguatamente formato e dotato di conoscenze approfondite. La scelta fra le due opzioni dovrà essere pragmatica, con informazioni su caratteristiche, attributi e situazioni personali dei potenziali candidati.

Ovviamente, nelle organizzazioni più grandi il reclutamento e la nomina di tale esperto dovrebbe essere una priorità. L'unico argomento di cui probabilmente la figura non può avere adeguata conoscenza è la norma per la gestione della sicurezza delle informazioni e, di conseguenza, si dovrebbe provvedere a una formazione SGSI specifica come quella fornita da IBITGC ATO (organismo di formazione accreditato).

Esperti di funzione

Sono numerosi gli esperti di funzione che dovranno essere coinvolti nel progetto e il cui contributo dovrà essere efficacemente ispirato e coordinato. Rientrano in questa categoria i responsabili del gruppo IT, il responsabile delle risorse umane, gli esperti di valutazione o gestione del rischio all'interno dell'organizzazione, i responsabili della sicurezza delle strutture e i team di verifica ispettiva interna e finanziaria. Vale la pena stimolare il loro precoce coinvolgimento includendoli nelle fasi iniziali del briefing sulla necessità di un sistema di gestione della sicurezza delle informazioni, sollecitando il loro parere su rischi e minacce e considerando i loro contributi fondamentali.

Oltre a coinvolgerli nella fase iniziale (perché con loro il successo è garantito, mentre senza di loro si è quasi certi di fallire), sarebbe importante ricordarsi e assicurarsi che capiscano pienamente che si tratta di un progetto aziendale con tanto di responsabile e che rifletterà le esigenze operative.

Piano del progetto

Per molto tempo, la pianificazione è stata considerata un prerequisito fondamentale per il successo di un progetto. Certo è può sempre necessaria, ma non è sufficiente: un progetto ben pianificato può sempre fallire per uno o più motivi. Progettare un progetto SGSI ad altissimo livello significa gestire con successo tutte le problematiche descritte nel presente libro. Ognuno dei nove passi è un elemento fondamentale per un piano di progetto SGSI di successo. A livello pratico, la pianificazione è essenziale per il successo della norma ISO 27001. Ai fini di un'implementazione

SGSI, la "pianificazione" comprende la gestione di questioni quali l'impiego di consulenti, la modalità di gestione del progetto, la modalità d'integrazione dei diversi sistemi gestionali e l'identificazione delle responsabilità chiave e dei requisiti relativi alle risorse per l'intera durata del progetto. Chiunque affronti un progetto ISO 27001, una volta che l'organizzazione ha deciso di procedere, deve recuperare e lettere *IT Governance – An International Guide to Data Security and ISO27001/ISO27002*, Sixth Edition (IT Governance - guida internazionale alla sicurezza dei dati e ISO27001/ISO27002, sesta edizione). È un libro unico, che fornisce una consulenza dettagliata ed esaustiva sui principali problemi insorgenti in fase di implementazione di un SGSI. La consulenza fornita nel presente libro segue e si integra direttamente con il contenuto di *IT Governance – An International Guide to Data Security and ISO27001/ISO27002* (IT Governance - guida internazionale alla sicurezza dei dati e ISO27001/ISO27002, sesta edizione).

Utilmente, la norma ISO 27001 è stata ideata per meglio allineare e integrare i relativi sistemi di gestione all'interno dell'organizzazione (ad esempio, ISO 9001 e ISO 14001).

Si dovrebbe, inoltre, osservare che la norma ISO 27001: 2013 consente l'implementazione di un progetto per soddisfare i requisiti della norma in qualsiasi modo (recita specificamente che la sequenza dei punti non dovrebbe essere considerata una precedenza in fase d'implementazione). Tuttavia, partire dall'inizio è sempre l'approccio più pratico!

Approccio strutturato all'implementazione

Un piano d'implementazione strutturato per SGSI dovrebbe seguire i nove passi descritti nel presente libro. I seguenti elementi dovrebbero essere contenuti nella pianificazione dettagliata dell'implementazione:

• Impostazione del progetto d'implementazione e del mandato di progetto, selezione di un modello di miglioramento continuo e determinazione dell'approccio alla documentazione, impostazione del framework di gestione, definizione del contesto interno ed esterno dell'organizzazione, individuazione delle esigenze di tutte le parti interessate e, tenendo conto di tutti questi problemi, definizione del campo di applicazione del SGSI.

• Ottenimento dell'impegno dei vertici al SGSI, definizione della politica di sicurezza delle informazioni e assegnazione dei ruoli e delle responsabilità (incluso un ruolo responsabile di riportare la prestazione del SGSI).

• Definizione di un approccio sistematico ai criteri di valutazione e accettazione del rischio.

• Esecuzione di una valutazione del rischio per identificare, nell'ambito della politica e del campo di applicazione del SGSI, l'importante patrimonio informativo dell'organizzazione e i relativi rischi. È in questa fase che si valuta il rischio.

• Identificazione e valutazione delle opzioni per la gestione di tali rischi, con scelta degli obiettivi di controllo e delle contromisure da inserire, ove richiesti.

• Redazione di una Dichiarazione di Applicabilità e di un piano di gestione del rischio.

- Implementazione del piano di gestione del rischio e dei controlli pianificati.

- Formazione adeguata per il personale interessato e programmi di sensibilizzazione di quest'ultimo.

- Gestione delle operazioni e delle risorse in linea con il SGSI.

- Attuazione di procedure che consentono rilevamento e risposta rapidi in caso d'incidenti di sicurezza.

- Implementazione di procedure di monitoraggio, riesame, prova e verifica ispettiva.

- Implementazione di procedure di riesame del SGSI e dei risultati di prove e verifiche ispettive alla luce della modifica dell'ambiente di rischio, di nuove tecnologie o di altre circostanze. I miglioramenti apportati al SGSI dovrebbero essere identificati, documentati e messi in atto.

Approccio graduale

Nelle grandi organizzazioni con strutture articolate si consiglia per praticità di puntare a certificazioni multiple, una per ogni parte dell'organizzazione, poiché ciò riduce al minimo la complessità del progetto e consente un approccio graduale all'implementazione. Ove risulti veramente possibile definire in modo adeguato un campo di applicazione per una parte sussidiaria dell'organizzazione (ce ne occuperemo più approfonditamente in seguito nell'ambito del framework di gestione), ma in modo che le esigenze di sicurezza delle informazioni possano essere valutate in modo indipendente, si potrebbe acquisire notevole esperienza a livello di progettazione e implementazione di un SGSI, oltre a godere del successo e dell'entusiasmo che ne deriva. Ciò può significare la possibilità di estendere successivamente il tutto al resto dell'organizzazione con successo e senza intoppi. Queste considerazioni si applicano a qualsiasi grande progetto articolato e la risposta adeguata dipende molto dalle singole circostanze organizzative.

I notevoli vantaggi di un simile approccio graduale potranno andare perduti se le attività di scoping dovessero cercare di creare unità operative "artificiali", che non saranno accettate dai revisori esterni per la certificazione.

Il piano di progetto

I normali strumenti di pianificazione del progetto dovrebbero essere usati nella creazione e gestione del progetto SGSI. Il piano dovrebbe riflettere la tempistica di alto livello contenuta nel mandato di progetto, preparato dal team di progetto e, una volta provato in modo critico dall'AD e dall'alta direzione, approvato dal Consiglio. Il piano dev'essere compreso dai vertici dell'organizzazione e dal Consiglio di amministrazione e dovrebbe essere stampabile su fogli A4 fronte/retro. Dovrebbe, inoltre, fornire un campo di applicazione sufficiente per coloro che dovranno attuare il piano al fine di trovare soluzioni adeguate ai molti problemi operativi che si presenteranno. In altre parole, non dovrebbe essere un piano eccessivamente dettagliato, diversamente dal ragionamento a monte.

Un passo preliminare fondamentale in qualsiasi efficace programma di cambiamento è quello di identificare e isolare o convertire una potenziale opposizione. Quando un SGSI viene implementato, a volte s-incontra una cerca resistenza interna da parte del reparto IT. Le ragioni possibili possono essere tante, come il desiderio del team IT di non perdere il controllo della sicurezza informatica (in particolare se la certificazione ISO 27001 è stata impostata come una responsabilità del reparto IT), il desiderio del reparto IT di mantenere lo status acquisito e la paura che i controlli esistenti potrebbero rivelarsi inadeguati. La cosa non sorprende. La norma ISO 27001 richiede che il Consiglio e i vertici dell'organizzazione assumano il controllo degli SGSI e che l'intera organizzazione vada oltre e comprenda gli aspetti chiave della politica di sicurezza. A volte, la resistenza del reparto IT è prevedibile e dev'essere superata in via preliminare. In alcune circostanze, ciò può portare a un cambio del personale IT, forzato e non, e l'organizzazione dovrebbe prevederlo e prepararsi con adeguati piani di emergenza.

Integrazione con i sistemi di gestione della sicurezza esistenti

La norma ISO 27001:2013 non richiede un approccio sequenziale all'istituzione e implementazione di un SGSI. In realtà, una volta compresa l'entità dei rischi delle informazioni da affrontare, molte organizzazioni vorranno occuparsi contemporaneamente degli interventi necessari. Sicuramente, la maggior parte delle organizzazione si accosteranno alla norma ISO 27001 con strutture e controlli di sicurezza già esistenti, chiedendosi come integrarle in modo intelligente con quelle nuove.

La maggior parte delle organizzazioni che decidono d'imbarcarsi in una simile avventura usano già un certo numero di misure di sicurezza delle informazioni, soprattutto per soddisfare i requisiti contrattuali, normativi od operativi. Si tratta di controlli di base: il progetto SGSI dovrebbe garantire che quelli già esistenti siano adeguati e appropriati e che quelli aggiuntivi siano realizzati il prima possibile.

La Dichiarazione di applicabilità potrà essere completata soltanto quando tutti i rischi identificati saranno valutati e l'applicabilità di tutte le contromisure identificate debitamente analizzata e documentata. Solitamente, la redazione della Dichiarazione avviene prima che le contromisure siano implementate e completate con la messa in atto del controllo finale.

Integrazione del sistema qualità

Molte organizzazioni che si avvicinano alla norma ISO 27001 possono già avere un sistema di qualità certificato ISO 9001. La norma ISO 27001 è stata scritta nel quadro internazionale ISO, ideato per favorire l'integrazione dei sistemi di gestione all'interno delle organizzazioni. Il SGSI dovrebbe essere integrato al sistema di qualità il più possibile. In particolare, il punto 7.5 della norma ISO 27001, che si occupa della documentazione e delle registrazioni di controllo dei documenti, può (e dovrebbe) essere soddisfatto applicando qualsiasi requisito di controllo esistente relativamente alla documentazione del sistema di gestione ISO 9000 esistente. Anche le procedure e gli altri documenti relativi al SGSI devono essere controllati. L'adozione dell'approccio ISO 9000 è la decisione più logica per qualsiasi organizzazione che intende implementare un SGSI.

In realtà, si potrebbe anche *ampliare* un sistema di gestione esistente per includere la gestione della sicurezza delle informazioni, senza adottare un sistema completamente nuovo. Si tratta di un messaggio importante che dovrebbe sostenere i piani di gestione del cambiamento e di comunicazione dell'organizzazione. Minore è la percezione della montagna da scalare e più rapidamente l'organizzazione si appresterà a farlo.

Se l'organizzazione non disponesse già di un sistema di gestione ISO 9001 certificato e voglia indicazioni sulla documentazione, la registrazione e il controllo dei documenti della norma ISO 27001, dovrebbe avvalersi delle linee guida fornite in qualsiasi manuale per l'attuazione della norma ISO 9001.

È, inoltre, importante che l'organismo di valutazione e certificazione scelto dall'organizzazione comprenda e accetti un simile approccio integrato. In caso contrario, meglio cambiare organismo: il compito di far rivalutare il sistema esistente (e soltanto alla successiva data di controllo programmata) è molto meno impegnativo di quello di creare e implementare un SGSI parallelo e completamente nuovo.

Lungimiranza

Il team di progetto dovrà mettere in atto una strategia di comunicazione che si rivolga a interlocutori interni ed esterni (includendo possibilmente le parti interessate e gli azionisti, i partner, gli enti regolatori, i clienti, i fornitori, ecc.) e una politica di sensibilizzazione del personale, oltre a individuare quali competenze e abilità saranno necessarie all'organizzazione al fine di raggiungere gli obiettivi di sicurezza delle informazioni. Questi due elementi, di cui torneremo a parlare più avanti, dovrebbero essere un punto dell'ordine del giorno del progetto fin dall'inizio.

Monitoraggio del progetto e dei costi

Il PID contiene il budget approvato per il progetto e il piano di progetto ad alto livello. È responsabilità del Project Manager raccogliere e riesaminare i dati sui progressi e sull'uso del budget, così come sull'efficacia delle misure di gestione del rischio. Il Consiglio di amministrazione (o, in una struttura di progetto a due livelli, il gruppo direttivo) dovrebbe riesaminare tali informazioni periodicamente, come parte del riesame del progetto operativo.

Le date di riesame stabilite dal Consiglio di amministrazione possono evolversi col tempo in date di controllo del SGSI, nel qual caso la frequenza potrebbe passare da mensile ad annuale.

I punti chiave per eseguire il riesame dei progressi del progetto sono:

* completamento pianificato di ognuno dei nove passi,

* completamento della bozza della Dichiarazione di Applicabilità (DdA). Gli eventuali costi preliminari dovrebbero essere minimi, ma, finché la dichiarazione non definirà il da farsi, non sarà possibile redigere un budget corretto per l'implementazione,

* implementazione della serie iniziale di procedure che ha messo in atto il framework di gestione (di cui parleremo più avanti nel libro),

* completamento del primo ciclo di verifiche ispettive e riesami del sistema prima della visita iniziale dell'organismo di certificazione,

* ogni anno, come parte del riesame periodico del SGSI, al fine di garantire che il budget sia applicato correttamente

e che eventuali problemi di nuova tecnologia, rischi, minacce o vulnerabilità siano stati identificati e trattati.

Registro dei rischi

Il team di progetto dovrebbe identificare fin dall'inizio gli eventuali rischi per garantire il buon esito del progetto. Generalmente i rischi derivano da questioni interne (come cultura tradizionalmente aperta e insicura, inadeguato impegno nella gestione, inadeguate risorse di progetto o di sicurezza delle informazioni, incalzante richiesta di tempo e impegno delle risorse, ecc.), ma possono anche essere scatenati da questioni esterne, come ad esempio imminenti modifiche alla normativa sulla protezione dei dati o richieste di sicurezza provenienti da clienti specifici.

Tali rischi dovrebbero essere elencati nell'apposito registro. Ogni rischio dovrebbero avere un referente e dovrebbe essere presente un piano per mitigare i vari rischi, riducendo probabilità e/o impatto. Il team di progetto dovrebbe riesaminare regolarmente i rischi identificati e l'efficacia dei relativi piani di gestione. La procedura principale può fare la differenza per un'efficace implementazione del piano di progetto SGSI.

CAPITOLO 3: AVVIO DEL SGSI

Il primi passi concreti per l'avvio del SGSI sono determinare quale metodologia di miglioramento continuo usare e istituire una struttura documentale.

Miglioramento continuo

La norma ISO 27001 riconosce che un "approccio per processi" è il metodo più efficace per la gestione della sicurezza delle informazioni. La Norma è aperta all'adozione di qualsiasi approccio di miglioramento continuo e consente la certificazione alle organizzazioni che già utilizzano, per esempio, l'approccio ITIL® in sette passi (l'approccio di miglioramento continuo del servizio in 7 passi), l'approccio COBIT® (ciclo di vita per il miglioramento continuo) o qualsiasi altro approccio che potrebbe ritenersi appropriato nel contesto dell'organizzazione. Uno degli approcci più ampiamente conosciuto e utilizzato nel mondo del sistema di gestione è il modello "Plan-Do-Check-Act", ben noto a Quality Manager e Business Manager di tutto il mondo.

Qualunque sia il modello di miglioramento continuo scelto, dovrebbe essere ben compreso prima dell'inizio dei lavori e ogni fase dovrebbe essere delineata. Dovrebbe avere integrata o aggiunta l'idea di "root cause analysis" (RCA), che contribuisce a identificare l'eventuale o potenziale esistenza di problemi simili altrove nel SGSI, migliorando l'efficacia del processo, non solo a livello di non conformità (come richiesto dalla Norma), ma per tutte le questioni che richiedono correzione o azione correttiva.

Una tecnica molto usata di RCA è quella dei "5 perché", che permette di determinare la causa profonda di un problema o difetto, formulando per cinque volte la domanda "perché?". Ogni domanda costituisce la base su cui fondare quella successiva. A volte potrebbe essere necessaria una sesta o settima ripetizione per raggiungere l'obiettivo, che è quello di garantire che le supposizioni siano discusse approfonditamente e che la vera causa principale di un problema sia identificata in modo che possa essere adeguatamente affrontata.

Piano di miglioramento della sicurezza

Ho già spiegato che il progetto ISO 27001 potrebbe essere affrontato come un piano di miglioramento della sicurezza, usando la gap analysis come punto di partenza. Ovviamente, in questo caso, è necessario in primis definire la metodologia di miglioramento continuo per poi assicurarsi di riportare i progressi nell'apposito registro.

Ampliamento della matrice RACI

A questo punto, si dovrebbe ampliare la matrice RACI, identificando chi è formalmente responsabile all'inizio per i ruoli più importanti nel SGSI.

I ruoli da identificare sono quelli che si occupano di:

- supervisione dell'istituzione, implementazione, funzionamento, mantenimento in opera e miglioramento del SGSI,
- miglioramento continuo,
- valutazione del rischio per la sicurezza delle informazioni e

• gestione degli incidenti di sicurezza delle informazioni.

Documentazione

Il processo di valutazione del rischio stabilisce le contromisure che devono essere messe in atto relativamente al SGSI e la Dichiarazione di Applicabilità identifica quelle che si desidera applicare alla luce dell'approccio prescelto alla gestione del rischio. Ognuna delle predette contromisure, unitamente all'approccio di identificazione e gestione del rischio, alla struttura di gestione, ai processi decisionali e a qualsiasi altra componente del SGSI dev'essere documentata, come riferimento, come base a garanzia dell'applicazione nel tempo e per consentire il miglioramento continuo.

La documentazione sarà la parte di progetto che richiederà un maggiore dispendio di tempo e, pertanto, decidere come affrontare quest'aspetto sarà un'importante variabile per il successo generale. La documentazione dev'essere completa, esaustiva e in linea con i requisiti della norma, oltre a calzare a pennello con l'organizzazione. Un SGSI adeguatamente gestito dev'essere completamente documentato. La norma ISO 27001 descrive la documentazione minima da includere nel SGSI, ad esempio quanto necessario per soddisfare il requisito della Norma secondo cui l'organizzazione deve mantenere registrazioni sufficienti a dimostrarne la conformità.

Fondamentalmente, la documentazione SGSI dovrebbe essere adeguata, ma non eccessiva, e dovrebbe consentire a ogni singolo processo di essere "sistematicamente comunicato, compreso, eseguito ed efficace per permetterne la ripetitività e l'affidabilità."

I documenti includono:

- politica della sicurezza delle informazioni per SGSI, valutazione del rischio, obiettivi dei diversi controlli, dichiarazione di applicabilità, piano di trattamento del rischio e campo di applicazione del SGSI (possono essere utili anche il verbale delle riunioni del Consiglio di amministrazione e del comitato direttivo),

- documentazione del framework di gestione (vedere capitolo seguente),

- procedure sottostanti documentate (che dovrebbero includere responsabilità e richiedere azioni) che attivano controlli specifici. La procedura descrive chi deve fare cosa, in quali determinate condizioni e con quale tempistica. Tali procedure (ce ne sarà probabilmente una per ogni controllo attuato) dovranno essere inserite nel manuale della politica, in versione cartacea o elettronica,

- documenti che riguardano monitoraggio, riesame e miglioramento continuo del SGSI, compresa la valutazione dei progressi per quanto riguarda gli obiettivi in ambito di sicurezza delle informazioni.

Tutta la documentazione ufficiale dovrà essere controllata e resa disponibile al personale autorizzato a visionarla. Può essere pubblicata in forma cartacea, ma risulta più efficace via intranet, unità condivisa o SharePoint. Unità condivisa o SharePoint garantisce l'immediata disponibilità dell'ultima versione di qualsiasi procedura a tutti i membri dello staff, senza alcun problema. Si dovrebbe adottare un sistema di numerazione ben strutturato che garantisca una facile navigazione all'interno della documentazione, il controllo delle versioni dei documenti, la tracciabilità delle pagine modificate e delle modifiche e la completezza della documentazione. Il personale dovrà essere addestrato per l'utilizzo della documentazione e per la redazione delle procedure operative per risorse e processi di cui è personalmente responsabile.

Ovviamente, ci sarà un certo numero di documenti relativi al sistema di sicurezza che necessiterà di adeguate misure protettive. Si tratta di documenti quali valutazione del rischio, piano di trattamento del rischio e la dichiarazione di applicabilità, che contengono importanti informazioni sulla gestione della sicurezza e, pertanto, dovrebbero essere classificati, limitati e trattati conformemente al sistema di classificazione delle informazioni dell'organizzazione. L'accesso dovrebbe essere limitato al personale con ruoli specifici SGSI, come l'Information Security Adviser.

Quattro livelli di documentazione

La norma ISO 27001 riconosce chiaramente l'assoluta inadeguatezza di un approccio uguale per tutta la documentazione. Al contrario, consiglia che la documentazione SGSI rifletta la complessità dell'organizzazione e i relativi requisiti di sicurezza. A livello pratico, esistono quattro livelli di documentazione in un SGSI, ognuno dei quali ha diverse caratteristiche, fra cui la persona incaricata di prendere le decisioni relativamente alle revisioni dei documenti. I quattro livelli sono:

1. Politica sociale approvata dal Consiglio di amministrazione, che influenza tutti gli altri aspetti del SGSI. La politica ad alto livello è sostenuta da numerose altre politiche aggiuntive e specifiche (ad esempio per la definizione di ciò che risulta csscrc un uso accettabile di internet).

2. Procedure dettagliate che descrivono chi è responsabile di fare cosa, quando e in quale ordine.

3. Istruzioni operative/di lavoro che definiscono dettagliatamente e precisamente come eseguire ogni singolo compito identificato.

4. Registrazioni che forniscono una prova di quanto fatto.

La mole di lavoro aumenta procedendo con i quattro livelli, una volta allineati con i requisiti di controllo. A livello di tempo, il più impegnativo è il terzo, anche se fondamentalmente si tratta della documentazione relativa alle modalità già esistenti per eseguire le attività specifiche.

Approcci alla documentazione

Esistono tre modi per avvicinarsi ai requisiti della documentazione contenuti nella Norma: due sono tradizionali e uno impiega un kit documentale. In un'organizzazione che soddisfa i criteri precedentemente descritti, il tempo che il progetto richiederà dipenderà principalmente dal metodo impiegato.

Metodo "Trial and Error"

Il primo è il metodo conosciuto con il nome di "Trial and Error" (prova ed errore). Poiché le persone incaricate d'implementare il SGSI devono prima imparare come svolgere ogni singolo segmento del compito, è un metodo che richiede tempo, ha un alto rischio di errore e prolunga il periodo in cui l'organizzazione continua a non raggiungere gli obiettivi relativi alla sicurezza delle informazioni.

Conoscenze esterne

Il secondo metodo, altrettanto tradizionale, è quello di affidarsi a conoscenze esterne sotto forma di consulenti esperti che produrranno la documentazione. È un approccio più rapido del precedente, ma fondamentalmente più costoso. I suoi maggiori vantaggi includono una notevole riduzione della tempistica del progetto, una riduzione del rischio d'insuccesso, l'aumento della velocità di apprendimento dell'organizzazione e il superamento della mancanza di risorse.

Kit documentale di terzi + linee guida

Quest'approccio è adatto alle organizzazioni che preferiscono gestire progetti che riguardano modifiche interne senza il supporto di consulenti esterni. La qualità e il livello di supporto e impegno dell'alta direzione, come pure la qualità degli strumenti stessi sono elementi che contribuiscono al successo finale.

I principali vantaggi di quest'approccio sono che i kit documentali:

- sono specifici per lo scopo e progettati per soddisfare i requisiti ISO 27001 fin da subito,

- sono veloci da implementare,

- sono estremamente convenienti (basso TCO ed elevato ROI),

- offrono notevoli risparmi rispetto agli approcci tradizionali,

- offrono notevoli informazioni sulle buone pratiche,

- saranno interfunzionali, ad ampio spettro, con corretto ciclo di miglioramento continuo,
- generano una bassissima probabilità di fallimento del progetto,
- possiedono fin dall'inizio il concetto di miglioramento continuo.

È essenziale che ogni kit documentale sia ideato per soddisfare i requisiti specifici della Norma e che venga fornito con una guida dettagliata su come gestire il progetto e tutti i requisiti di redazione. A IT Governance, abbiamo progettato e realizzato un kit documentale che soddisfa esattamente i requisiti della Norma, riflette molteplici implementazioni di successo dei sistemi di gestione di sicurezza delle informazioni certificabili e che è stato sviluppato specificamente per le organizzazioni che vogliono evitare i costi e gli svantaggi di imparare provando e sbagliando. Inoltre, questi kit strumentali sono studiati in modo da poter essere facilmente integrati nei sistemi di gestione aggiuntivi, garantendo fin dall'inizio la possibilità di istituire un sistema di gestione integrato che soddisfi più standard.

In ognuno dei nostri siti è possibile scaricare una versione gratuita di prova del kit strumentale. Vale la pena dare un'occhiata al kit in fase di ricerca su come gestire la parte documentale del progetto.

Documentazione di terzi

Nell'ambito delle procedure di documentazione, si dovrebbe anche tenere in considerazione il controllo dei documenti di origine esterna, compresi i relativi periodi di conservazione.

CAPITOLO 4: FRAMEWORK DI GESTIONE

La norma ISO 270001 è una specifica sul sistema di *gestione* relativo alla sicurezza delle informazioni, pertanto, non deve stupire che definisca i requisiti per un framework di gestione. Il quarto passo dell'implementazione del SGSI è creare il framework di gestione.

Il punto 4 della norma ISO 27001 cita che l'organizzazione deve identificare le esigenze e le aspettative di terzi interessati, come pure il contesto interno dell'organizzazione e che quanto predetto dev'essere tenuto in considerazione in fase di definizione del campo di applicazione del SGSI.

Tali requisiti sono stati identificati in fase di creazione del registro del rischio di progetto e devono essere, quindi, rivisti e integrati. Il contesto esterno include l'attività e l'ambiente di rischio, quanto succede nel settore specifico e qualsiasi altro sviluppo che possa avere un impatto sulla condizione della sicurezza delle informazioni. Il contesto interno è la serie di problemi interni che influiscono sul modo in cui viene progettato e implementato il sistema di gestione. La Norma dice, infatti, che ogni SGSI dev'essere ideato per l'attività specifica.

In quanto parte del contesto interno, si inizierà a identificare la propensione al rischio dell'organizzazione. Si tratta di una questione importante per molti aspetti dell'implementazione e ne riparleremo più avanti.

I requisiti relativi alle parti interessate sono più complessi. Le parti interessate possono comprendere autorità di regolazione, partner e clienti. Lo Standard PCI DSS (Payment Card Industry Data Security Standard), ad esempio, è un requisito commerciale imposto dalla banca acquirente. Le attività di protezione dei dati sono imposte per legge e governate dalle autorità di regolazione. Tutte le organizzazione devono soddisfare svariati requisiti simili di conformità, ognuno dei quali impone una specifica serie di contromisure relative alla sicurezza delle informazioni e mostra importanti variazioni ai requisiti di riservatezza, integrità e disponibilità.

La banca dati delle conformità di IT Governance (Compliance Database) è uno strumento ideato per rendere disponibile alle organizzazioni inglesi una serie completa di circa 100 leggi e regolamenti pertinenti, identificando gli articoli specifici che impongono i requisiti di conformità e consentendo l'aggiunta di numerosi contratti con terzi che porteranno ulteriori esigenze specifiche.

Tutti i requisiti di conformità dovranno alimentare il SGSI, la valutazione del rischio e la documentazione relativa al trattamento del rischio. Benché la Norma non lo richieda, vale la pena documentare tutti questi aspetti per agevolare riferimenti e riesami futuri.

Come parte della documentazione del contesto dell'organizzazione, sarebbe sensato rivedere e (ri)confermare gli obiettivi relativi alla sicurezza delle informazioni che sono stati inizialmente documentati nel PID e poi ulteriormente sviluppati in occasione dell'avvio del progetto.

Valutazione preliminare

La valutazione preliminare o scoping ha un'importanza fondamentale. Il campo di applicazione del sistema di gestione verrà dichiarato nel certificato di conformità, a titolo informativo per revisori e parti esterne interessate al SGSI. È un elemento chiave perché serve conoscere i limiti di ciò che si sta pianificando di implementare e perché la Norma lo richiede. Un modo di pensare al riguardo è dalla prospettiva dalla politica di sicurezza delle informazioni.

Il punto 5.2 della norma ISO 27001 delinea chiaramente i requisiti relativamente alla politica SGSI, che dev'essere approvata dal Consiglio di amministrazione. Tale politica deve fornire il senso generale della direzione dell'organizzazione relativamente alla sicurezza delle informazioni, oltre a includere gli obiettivi specifici. Deve, inoltre, comprendere i requisiti di sicurezza delle informazioni (di natura commerciale, contrattuale e normativa) e l'impegno a migliorare continuamente il SGSI.

La politica SGSI si rivolge a tutte le parti dell'organizzazione che rientrano nel campo di applicazione del SGSI. Come già detto, il campo di applicazione deve tenere conto delle caratteristiche dell'attività, dell'organizzazione, della posizione, delle risorse e della tecnologia, vale a dire ciò che la Norma definisce come "contesto interno ed esterno" dell'organizzazione. A questo punto, la norma ISO 27001 si riferisce alla norma ISO 31000 che detta le buone pratiche internazionali per la gestione del rischio dell'organizzazione. Per quelle organizzazioni che cercano d'integrare in modo adeguato la gestione del rischio in tutti gli aspetti dell'attività, il collegamento alla norma ISO 31000 è importante.

I requisiti della politica dovrebbero guidare l'approccio valutativo del SGSI e del progetto. La determinazione del campo di applicazione risulta più difficile per organizzazioni più grandi e complesse, rispetto a quelle più piccole. Lo scoping è, comunque, fondamentale per le organizzazioni di qualsiasi dimensione. È necessario decidere quali risorse informative s'intende tutelare quali no, prima di decidere la relativa protezione.

Per l'attività di piccole o medie dimensioni la decisione è semplice: l'intera organizzazione. Questo perché ci saranno probabilmente connessioni cablate tra tutti i sistemi informativi e relazioni quotidiane interne all'interno dell'attività che rendono estremamente difficile o impraticabile cercare di separare una parte di attività da un'altra. La nozione di segregazione è il cuore di uno scoping efficace; in ultima analisi, bisogna cercare e creare una barriera impenetrabile fra la parte di attività che rientra nel campo di applicazione del progetto e tutto il resto. Bisogna essere categorici su cosa mettere nella fortezza delle informazioni e cosa deve restare fuori. Ciò significa evitare che *qualsiasi* sistema informatico, dispositivo o unità produttiva sia dentro *e* fuori, perché andrebbe a creare un punto debole.

La norma ISO 27001 richiede esplicitamente di valutare "le interfacce e le dipendenze fra le attività dell'organizzazione e quelle che sono di altre organizzazioni"; in altre parole, è necessario identificare cosa resti fuori dal campo di applicazione del SGSI, prepararsi a giustificarne l'esclusione e a gestire i rischi associati in modo adeguato. In tal modo, si può essere sicuri di non tracciare i confini in modo troppo restrittivo.

Sicurezza degli endpoint

Nel moderno ambiente lavorativo, la barriera difensiva deve operare a livello di dispositivo singolo ed essere altamente dipendente dalla conformità dell'utente alle procedure operative. In altre parole, la decisione di scoping deve contenere tutti i dispositivi informatici che le persone impiegano nel loro lavoro, come smartphone, portatili wireless e postazioni domestiche, ecc., nonché i più ovvi sistemi centrali, quali contabilità, elaborazione dei pagamenti, produzione, gestione delle vendite e degli ordini, email, automazione, ecc. Si dovrà, inoltre, prendere in considerazione la presenza di componenti cloud.

In attività più grandi e articolate, sarà, inoltre, necessario assicurarsi che l'organismo del campo di applicazione abbia una struttura gestionale e legale chiaramente definita e che si sia allineamento con i requisiti di conformità (il motivo per la presenza del sistema di sicurezza delle informazioni è in parte per assicurare la conformità alla miriade di leggi e regolamenti, pertanto è normale che l'organismo che ha tali obblighi di conformità si ritrovi nel campo di applicazione del progetto di sicurezza delle informazioni).

In altre parole, è necessario identificare chiaramente quelle parti dell'organizzazione a cui il SGSI si applicherà. È bene ricordarsi sempre che un SGSI è un sistema di gestione, una struttura formale che la direzione impiega per assicurarsi che la politica sulla sicurezza delle informazioni sia sempre applicata all'interno dell'organizzazione di cui tale direzione è responsabile. Pertanto, lo scoping del SGSI dev'essere eseguito sulla base di una struttura aziendale, divisionale e direzionale o in base alla posizione geografica.

Un'organizzazione virtuale o un'attività operativa lontana e con più sedi può avere problemi di sicurezza diversi rispetto a quella con un'unica sede. Praticamente, una polizza di sicurezza e un SGSI che comprende tutte le attività all'interno di un organismo specifico di cui è responsabile il Consiglio di amministrazione o un team direzionale è più facile da implementare rispetto a solo una parte dell'organismo.

È importante garantire che il Consiglio di amministrazione responsabile dell'attuazione della politica abbia un adeguato controllo sull'organizzazione specificata nel campo di applicazione della politica sulla sicurezza delle informazioni che dovrà approvare e che sia in grado di dare un mandato chiaro al team di gestione per la relativa attuazione. In altre parole, è fondamentale definire i limiti entro cui gestire la protezione e assicurarsi che il team coinvolto abbia il potere di farlo.

Definizione dei limiti

Internet e l'ambiente operativo sono entrambi troppo ampi e diversi per cui risulta necessario mettere dei limiti fra ciò che sta dentro e fuori l'organizzazione. In parole povere, i limiti sono fisicamente e logicamente identificabili. I limiti devono essere identificati a livello di organizzazione o parte dell'organizzazione da proteggere per determinate reti, dati e sedi geografiche specifiche.

L'organizzazione nel campo di applicazione dev'essere in grado di separarsi fisicamente e/o logicamente da terzi e da altre organizzazioni di un gruppo più grande. Anche se questo non esclude appaltatori terzi, rende praticamente molto difficile (anche se non necessariamente impossibile) porre in atto un SGSI all'interno di un'organizzazione indifferenziata che condivide una rete importante e/o risorse informatiche o sedi geografiche. Ad esempio, un'organizzazione più grande che condivide una sede del gruppo e funzioni centrali con altre divisioni non può implementare un importante SGSI. Solitamente, l'organismo più piccolo dell'organizzazione che può implementare un SGSI è quello a se stante. Dovrà avere il proprio Consiglio di amministrazione o team direzionale, il proprio supporto funzionale, la propria struttura e la propria rete IT o avrà servizi IT forniti da un gruppo o da altro fornitore, soggetto a una qualsiasi forma di accordo di servizio.

Non è insolito che divisioni diverse di organizzazioni più grandi cerchino di ottenere la certificazione in modo indipendente. Il fattore critico è fino a che punto possono praticamente differenziarsi e differenziare i sistemi operativo e informativo rispetto alle altre divisioni della stessa organizzazione.

Per le organizzazioni più grandi, solitamente molto decentralizzate, che presentano una molteplicità di sistemi e culture e un'ampia estensione geografica, è spesso più facile come regola generale gestire la norma ISO 27001 e la valutazione del rischio con unità operative più piccole che soddisfano la precedente descrizione generale. Le organizzazioni più grandi e più centralizzate, dotate di un'unica cultura aziendale e di sistemi operativi e informativi in comune devono orientarsi verso la creazione di un unico SGSI.

In presenza di aspetti delle attività o dei sistemi dell'organizzazione che devono essere esclusi dai requisiti della politica di sicurezza, è fondamentale che siano chiaramente identificati e spiegati in fase di scoping. Le organizzazioni virtuali o con più sedi dovranno valutare attentamente i diversi requisiti di sicurezza dei vari siti e le relative implicazioni gestionali. Ci dovranno essere chiari limiti ("definiti in base alle caratteristiche dell'organizzazione, della sede, delle risorse e della tecnologia") entri cui applicare la politica della sicurezza e il

SGSI. Qualsiasi esclusione potrà essere apertamente discussa dal Consiglio di amministrazione e dal gruppo direttivo e i verbali dovranno spiegare come e perché è stata presa la decisione finale di scoping.

È infatti possibile che le divisioni dell'organizzazione, i componenti del sistema informativo o le risorse specifiche non potranno essere esclusi dal campo di applicazione perché ne sono già parte integrante o perché la loro esclusione potrebbe avere gravi effetti sugli obiettivi del sistema di sicurezza. Pertanto, dev'essere chiaro che qualsiasi esclusione non dovrà in alcun modo minare la sicurezza dell'organizzazione che sta implementando un SGSI.

Per la certificazione SGSI, i revisori sono tenuti a valutare il modo in cui la gestione si applica alla politica di sicurezza delle informazioni nell'intera organizzazione, definita come parte del campo di applicazione della politica. Dovrebbero testare i limiti del campo di applicazione dichiarato al fine di verificare che tutte le interdipendenze e i punti deboli siano stati identificati e adeguatamente gestiti.

In realtà, come precedentemente dichiarato, il processo di progettazione e implementazione di un SGSI efficace può essere semplificato includendo l'intera organizzazione di cui è responsabile il Consiglio di amministrazione.

Mappatura della rete

Può aiutare (ma non è fondamentale) fare una mappatura della rete che mostra i collegamenti dei sistemi informativo e di gestione centrale e che identifica tutti i punti in cui il mondo esterno può interagire con la rete. La mappa sarà molto semplice per le piccole organizzazioni (perché così è la rete) e molto più complicata per le organizzazioni più grandi e articolate. La prima mappa preparata come esercizio di scoping dovrà essere ampliata in fase di pianificazione dettagliata del progetto, al fine di garantire che tutti gli aspetti dei sistemi informativi siano identificati. All'inizio non serve una mappa dettagliata, ma solo sapere come partire da quella iniziale per arrivare a una più dettagliata.

Esistono numerosi software in grado di eseguire automaticamente la mappatura della rete. Alcuni sono dotati di utili caratteristiche gestionali aggiuntive. Il beneficio di usare un simile strumento è che potrà identificare in modo rapido, esaustivo e competente com'è strutturata la rete, quali tipi di servizio sono in funzione e quali punti di accesso e dispositivi sono realmente presenti (un rapporto sullo stato di quanto sta succedendo è molto più utile di affidarsi a una mappa teorica).

Le mappe di rete sono spesso redatte con strumenti software quali SmartDraw e Microsoft Visio, anche se è comunque possibile iniziare disegnando sulla lavagna un diagramma di rete, prima di procedere a modellarlo con il software. La mappa dovrà identificare nel dettaglio tutti i dispositivi (i.e. 43 postazioni di lavoro, 6 server) che sono collegati alla rete, oltre alle loro funzioni (i.e. server di stampa e archiviazione, controllore dominio, ecc.).

Scorciatoie

La nostra esperienza ci insegna che è un errore definire un campo di applicazione in modo troppo restrittivo. Con "troppo restrittivo" intendo un campo di applicazione che, per esempio, include soltanto una sede centrale o una parte dell'organizzazione sotto pressione da terzi finanziatori (solitamente il governo) o clienti per la certificazione. Benché apparentemente può sembrare una strada per ottenere una certificazione rapida e facile, porta spesso a un certificato inutile.

Alla lunga, chiunque valuti la natura di un SGSI di un'organizzazione dovrà assicurarsi dell'inserimento di tutte le funzioni principali che potrebbero influenzare il rapporto, ma un campo di applicazione limitato non potrà permetterlo. Siamo consapevoli che alcuni organismi di certificazione accettano di valutare campi di applicazione che coprono meno di un'unità operativa completa e, secondo noi, questo è un disservizio nei confronti dei clienti e verso l'integrità degli schemi della norma ISO 27001. È importante non lasciarsi tentare da simili organismi.

In conclusione, mi rendo conto che lo scoping di un SGSI può essere molto difficile in caso grandi organizzazioni articolate. Si tratta sicuramente di un'area in cui il supporto esperto e professionale può essere utile nella valutazione del miglior modo di proseguire, anche se mi sento di raccomandare soltanto l'impiego di consulenti che risultano essere vicini all'approccio delineato in questo capitolo. È importante perché una decisione sbagliata di scoping può, alla lunga, invalidare il certificato, lasciare parti chiave dell'organizzazione aperte a qualsiasi rischio che si sta cercando di evitare e, una volta focalizzati sull'esigenza di svolgere il lavoro in modo adeguato, sarà molto più costoso di un intervento immediato. Quel che è peggio, sbagliando all'inizio, sarà ancora più difficile avere un adeguato impegno e supporto per un progetto esteso a tutta l'organizzazione rispetto a quanto non lo sarebbe stato presentando l'intero progetto all'organizzazione fin da subito.

Formalizzazione delle disposizioni fondamentali

A questo punto, serve formalizzare:

- come dimostrare la leadership e l'impegno (tutti i requisiti del punto 5.1 della Norma, realizzazione del mandato di progetto),

- la versione finale della politica della sicurezza delle informazioni,

- la prima versione completa della matrice RACI, la definizione dei ruoli organizzativi, delle responsabilità e delle autorità,

- la politica di comunicazione che identifica chi deve relazionarsi con il pubblico, quando e con quali mezzi. Il processo delle comunicazioni dovrà includere un metodo per assicurare che il/i messaggio/i in questione sia/siano correttamente ricevuto/i e compreso/i,

- i requisiti di competenza per i ruoli generici del SGSI, come alta direzione, referente del rischio, revisore interno, ecc. come quelli identificati in fase di avvio del progetto e del SGSI. Ricordarsi che serviranno anche singole persone competenti in grado di implementare e mantenere le contromisure di sicurezza delle informazioni, oltre a persone che seguano la sicurezza IT e fisica, nonché la conformità legale. Almeno un membro del team di progetto, idealmente il Project Manager, dovrebbe avere un certificato IBITGQ CIS LI (International Board for IT Governance Qualifications Certified ISMS Lead Implementer) o simile,

- assicurarsi di avere le risorse necessarie per raggiungere gli obiettivi SGSI.

Politica relativa alla sicurezza delle informazioni

La politica relativa alla sicurezza delle informazioni è la forza trainante del SGSI. Si fonda sulla politica del Consiglio di amministrazione e sui requisiti relativi alla sicurezza delle informazioni. Dovrebbe essere un breve scritto, ma deve soddisfare i requisiti del Consiglio e la realtà organizzativa, nel rispetto dei requisiti della Norma. *IT Governance – An International Guide to Data Security and ISO27001/ISO27002, Sixth Edition* ((IT Governance - guida internazionale alla sicurezza dei dati e ISO27001/ISO27002, sesta edizione) tratta in modo esaustivo le tematiche coinvolte, il processo di sviluppo richiesto e le linee guida relative alla sicurezza delle informazioni.

Il Consiglio di amministrazione e la direzione devono essere totalmente coinvolti e impegnati nel SGSI. Le linee guida devono essere definite sotto la loro autorità e dovrebbe esserci una prova evidente (verbali scritti del Consiglio) che la politica è stata discussa e concordata dal Consiglio nella sua totalità e/o dal gruppo direttivo. Qualsiasi revisione della politica dovrebbe essere concordata seguendo lo stesso iter.

Richiederà, inoltre, la partecipazione di tutti i dipendenti dell'organizzazione e potrebbe necessitare anche di quella di clienti, fornitori, azionisti e terzi, vale a dire quella parte del contesto del SGSI di cui abbiamo parlato prima. Pensando alla politica di sicurezza, il Consiglio di amministrazione e il forum dovranno considerare l'impatto che avrà sugli elementi costitutivi e/o sul pubblico e i vantaggi e gli svantaggi che ricadranno sull'attività in conseguenza di ciò. È buona norma iniziare a pensare a tali argomenti prima di procedere con il processo dettagliato dell'ideazione e implementazione del SGSI.

Strategia di comunicazione

La comunicazione è importante per il successo del progetto ISO 27001. Un piano di comunicazione interna ben progettato ed efficacemente attuato è alla base di ogni programma di gestione del cambiamento andato a buon fine e soprattutto è necessario per un ampliamento efficace del SGSI. La conformità alla norma ISO 27001 e il buon senso suggeriscono che i componenti chiave del piano includano:

• comunicazione top-down della visione di sicurezza delle informazioni (perché il SGSI è necessario, quali sono le responsabilità giuridiche dell'organizzazione, come apparirà l'attività al completamento del programma e quali vantaggi porterà a tutti i membri dell'organizzazione),

• briefing periodici con tutto il personale sui progressi relativi agli obiettivi del piano di implementazione. Tali briefing dovrebbero entrare velocemente a far parte del ciclo di briefing esistente nell'organizzazione, in modo che i progressi del SGSI possano diventare parte del normale processo operativo: "solo un'altra cosa da fare",

• un meccanismo che garantisca che gli elementi costitutivi chiave e che i soggetti dell'organizzazione siano consultati e coinvolti nello sviluppo degli elementi fondamentali del sistema. Ciò assicura il coinvolgimento nel risultato e nella relativa implementazione ed è un motivo essenziale per la creazione del gruppo direttivo e del team di progetto come suggerito nel Capitolo 2,

• un meccanismo che garantisca un feedback periodico e immediato dalle persone dell'organizzazione (o nelle organizzazioni terze interessate), in modo che la loro diretta esperienza del sistema iniziale, così com'è implementato, possa essere sfruttata per l'evoluzione della versione finale. Ciò può diventare parte del processo di miglioramento continuo e può offrire, nell'immediato, una prova dell'effettivo "controllo",

• le comunicazioni faccia a faccia dovrebbero essere supportate da un efficace sistema di condivisione delle informazioni. Di solito, tutto ciò dovrà rientrare nell'intranet aziendale, su cui saranno postati i rapporti periodici sui progressi e le informazioni dettagliate degli aspetti specifici del SGSI. Gli avvisi email possono chiedere al personale di accedere nell'intranet per nuove informazioni ogni volta che vengono postate e il sito può richiedere feedback con la funzione "scrivi all'AD".

Ovviamente, se l'organizzazione non possiede un processo di comunicazione interna ben sviluppato, dovrà crearne uno. Nello sviluppo di tale sistema si dovrà tenere conto della definizione della tempistica di pianificazione del progetto e dell'attribuzione delle risorse. Non si deve mai portare avanti un progetto SGSI senza un adeguato processo di comunicazione interno: le contromisure di sicurezza delle informazioni dipendono grandemente dal comportamento informato e impegnato delle persone dell'organizzazione e, pertanto, è importante poterle mettere in atto.

Approvazione del personale

Il briefing iniziale del personale, quello che segna l'avvio del progetto, dovrebbe definire chiaramente la natura delle minacce affrontate dall'organizzazione e i possibili costi finanziari e non in caso di violazioni relative alla sicurezza delle informazioni. *The case for ISO27001:2013* (Il caso per ISO2017:2013) e i capitoli su governance e rischio per la sicurezza delle informazioni di *IT Governance – An International Guide to Data Security and ISO27001/ISO27002, Sixth Edition* (IT Governance - guida internazionale alla sicurezza dei dati e ISO27001/ISO27002, sesta edizione), forniscono informazioni utili di supporto a una strategia di comunicazione.

Quando possibile, si dovrebbero ricercare e utilizzare nelle presentazioni del personale ulteriori informazioni specifiche locali e/o industriali poiché offrono immediatezza e attualità relativamente alle possibili minacce. Si dovrebbero visualizzare le possibili conseguenze dirette dell'organizzazione per rendere la situazione più alettante e aiutare le persone coinvolte ad apprezzare pienamente la necessità del SGSI.

Una parte fondamentale per aumentare in modo efficace gli utenti riguarda la traduzione dei rischi relativi alla sicurezza delle informazioni e delle questioni tecnologiche in rischi e questioni di *operative* ampiamente e chiaramente comprensibili. I Consigli di amministrazione e le direzioni vivono le questioni in termini d'impatto sull'attività e, a meno che tali impatti non siano chiaramente delineanti, credibili e quantificati, non ci presenteranno grande attenzione. Lo stesso vale per i responsabili operativi e funzionali all'interno dell'organizzazione il cui interesse, se presente, è rivolto in modo campanilistico sui loro problemi specifici. La verità è che sono meno interessati alle esigenze strategiche a lungo termine dell'organizzazione rispetto al raggiungimento degli obiettivi specifici che comportano possibilità di compenso o promozione.

Tutto ciò significa che non solo bisogna tradurre gli imperativi relativi alla sicurezza delle informazioni in una serie ristretta di numeri pertinenti, quantificati e credibili per il Consiglio di amministrazione e l'alta direzione, ma anche

che è necessario pensare a un'iniziativa SGSI direttamente rilevante per ogni singola persona il cui supporto è importante. Come tutte le politiche aziendali, non esiste un unico messaggio che vada bene per tutti. Servirà un impegno individuale, dall'alto ed esteso all'intera organizzazione supportato da un grande numero di discussioni singole e localmente concentrate in cui si spiegherà come il progetto SGSI possa migliorare nello specifico la situazione lavorativa di ogni persona a cui ci si rivolge.

Le abilità di vendita e una dettagliata comprensione delle politiche aziendali rappresentano un importante aspetto per un'efficace gestione del progetto. Ecco perché può essere particolarmente difficile per un esterno avere successo come Project Manager di un progetto SGSI.

CAPITOLO 5: CRITERI FONDAMENTALI DI SICUREZZA

Il quinto passo è semplice: riguarda le contromisure di sicurezza delle informazioni già presenti di cui verrà valutata l'adeguatezza prima di incorporarle nel SGSI. Come già detto prima, la maggior parte delle organizzazioni dovrà prendere una serie di decisioni sui rischi prima di avviare il progetto ISO 27001 (considerando l'esperienza ormai acquisita gestendo minacce e vulnerabilità reali) e dovrà implementare un certo numero di contromisure per poter soddisfare i requisiti giuridici, normativi o contrattuali. L'organizzazione dovrà decidere come incorporare le contromisure esistenti nel SGSI e nel metodo di valutazione del rischio.

Il requisito fondamentale è d'implementare le contromisure più adeguate per l'organizzazione, gli obiettivi per la sicurezza delle informazioni e i requisiti operativi, giuridici, normativi e contrattuali identificati. Tali requisiti rappresentano i criteri fondamentali di sicurezza, in quanto definiscono i principi che determinano le contromisure relative alla sicurezza delle informazioni da istituire, indipendentemente dalla propensione al rischio o dalla sua valutazione.

Pertanto, il metodo di valutazione del rischio utilizzato dovrà chiaramente indicare che i requisiti delle parti interessate hanno portato l'organizzazione a istituire contromisure specifiche definite come fondamentali per la sicurezza e incorporate nel SGSI.

A questo punto, si dovrebbe valutare l'adeguatezza o meno dei criteri fondamentali di sicurezza per soddisfare i requisiti di conformità. Ciò può essere meglio gestito con l'ausilio di uno strumento come la banca dati delle conformità SGSI (ISMS Compliance Database, che contiene una raccolta esaustiva e dettagliata di tutte le norme potenzialmente applicabili in Inghilterra) per terminare la necessità o meno di ulteriori contromisure per soddisfare tutti gli obblighi.

Questo è il momento ideale per fare un inventario dei contratti con clienti e partner, per identificare qualsiasi contromisura specifica relativa alla sicurezza delle informazioni e per assicurarsi che tali contromisure siano inserite nell'attività.

Le conformità PCI DSS, Cyber Essentials, HIPAA e DPA sono tutte esempi di requisiti ufficiali per l'istituzione di contromisure fondamentali di sicurezza.

Sarà necessario definire anche come gestire tutte le altre contromisure già esistenti, adottate in precedenza per soddisfare i criteri specifici di sicurezza dell'epoca. Possono essere riesaminate per verificarne l'adeguatezza e l'efficacia oppure si può riconoscerne l'esistenza e accettarle come parte della serie di contromisure fondamentali di sicurezza, concentrando la valutazione del rischio su quelle rimanenti non ancora appropriatamente trattate. Ad esempio, una porta è una contromisura, ma in fase di valutazione della sicurezza di una stanza si nota che la porta è già montata, pertanto o si esamina la sua adeguatezza come contromisura o la si accetta o ci si concentra su altre vie di entrata ("vettore di attacco").

CAPITOLO 6: GESTIONE DEL RISCHIO

La valutazione del rischio è il cuore del SGSI. Comprendere il suo significato all'interno dell'intero processo è fondamentale ed è una delle via per il successo del progetto. Il Consiglio di amministrazione adotta una politica di sicurezza delle informazioni per via dei numerosi e importanti rischi relativi alla disponibilità, riservatezza e integrità delle informazioni dell'organizzazione e delega la progettazione e implementazione di un SGSI al fine di assicurare che la politica sia attuata in modo sistematico ed esaustivo. Tale politica dovrà, pertanto, riflettere la valutazione dei rischi e delle opportunità relativamente alla sicurezza delle informazioni dell'organizzazione. Ciò non significa che il Consiglio debba effettuare una dettagliata valutazione del rischio, ma che dovrà stabilire un approccio chiaro e completo da utilizzare per portare avanti il progetto SGSI.

In altre parole, l'organizzazione dovrà determinare i criteri di accettazione dei rischi e identificare i livelli di rischio consentiti. È lapalissiano sottolineare che esiste una relazione tra livelli di rischio e rendimento in ogni attività. La maggior parte delle attività, in particolare quelle soggette ai requisiti di corporate governance ufficiale, vorrà essere assolutamente chiara sui rischi che accetterà o meno, fino a che punto li accetterà o come intende controllarli. La direzione deve specificare il suo approccio, in generale e in particolare, in modo che l'attività possa essere gestita nel contesto pertinente.

Il rischio relativo alle informazioni è uno dei tanti che l'organizzazione deve controllare e dovrebbe applicare, per quanto possibile, un comune framework di gestione del rischio a tutti quelli da affrontare. Il punto di partenza per qualsiasi considerazione di rischio del Project Manager del SGSI è di adottare la funzione di gestione del rischio esistente (se presente) all'interno dell'organizzazione al fine di comprendere a) l'approccio generale al rischio e b) l'approccio specifico al rischio relativo alla sicurezza delle informazioni. Se l'organizzazione non ha una simile funzione ufficiale, è imperativo procedere con l'identificazione, valutazione e controllo del rischio e con la rapida individuazione delle persone coinvolte nell'attività. Si dovrà garantire la presenza di un solido approccio in tutta l'organizzazione per gestire i rischi relativi alla sicurezza delle informazioni.

Introduzione alla gestione del rischio

Tutte le organizzazioni affrontano quotidianamente dei rischi di nature diverse. La gestione del rischio consente di trattare rischi non speculativi, da cui può derivare *soltanto* una perdita. D'altro canto, i rischi speculativi, da cui può derivare un profitto *o* una perdita, sono oggetto della strategia operativa dell'organizzazione, mentre i rischi non speculativi, che possono ridurre il valore dei beni con cui l'organizzazione svolge la sua attività speculativa, sono (solitamente) oggetto di un piano di gestione del rischio. A volte, sono chiamati rischi permanenti o "puri" al fine di differenziarli da quelli speculativi o derivati da una crisi. Solitamente, l'identificazione di un rischio speculativo o permanente riflette la *propensione al rischio* dell'organizzazione.

I piani di gestione del rischio hanno quattro obiettivi collegati, vale a dire:

1. eliminare i rischi,
2. ridurre a livelli "accettabili" i rischi che non possono essere eliminati, oppure
3. conviverci, esercitando attentamente le contromisure che li mantengono "accettabili" o
4. trasferirli a un'altra organizzazione, mediante assicurazione.

I rischi permanenti e puri sono solitamente identificabili in termini economici. Hanno un potenziale impatto misurabile finanziariamente sui beni dell'organizzazione. Pertanto, le strategie di gestione del rischio si basano solitamente sulla valutazione dei benefici economici che l'organizzazione potrà trarre da un investimento con una specifica contromisura. In altre parole, per ogni contromisura che l'organizzazione potrebbe implementare, il costo per tale operazione dovrebbe essere controbilanciato da benefici economici (o perdite economiche evitate) derivanti dall'implementazione.

L'organizzazione dovrebbe definire i criteri di accettazione dei rischi (ad esempio, potrebbe dire che accetterà qualsiasi rischio il cui impatto economico risulti essere inferiore al costo della relativa contromisura) e di controllo degli stessi (ad esempio, potrebbe dire che qualsiasi rischio ha tanto un'elevata probabilità quanto un alto impatto che dev'essere controllato a uno specifico livello o soglia).

Il presente capitolo fornisce soltanto una breve introduzione e una panoramica della gestione del rischio. *Information Security Risk Management for ISO27001/ISO27002* (La gestione dei rischi per la sicurezza delle informazioni ISO27001/ISO27002) offre le linee guida più dettagliate su tale processo.

6: Gestione del rischio

Il requisito della norma ISO 27001 è che la valutazione del rischio tenga in considerazione tanto il contesto (interno ed esterno) dell'organizzazione quanto i requisiti di terzi che potrebbero risultare pertinenti o avere un interesse nell'approccio dell'organizzazione alla sicurezza delle informazioni. In altre parole, la valutazione del rischio dev'essere *business-driven* e deve riflettere i requisiti giuridici, normativi e contrattuali. Si tratta di una delle idee più importanti a livello di sicurezza delle informazioni: consigliamo che l'attività, gestita dal Consiglio di amministrazione, identifichi le minacce ai beni, le vulnerabilità e gli impatti sull'organizzazione e determini il grado di rischio che è pronta ad accettare alla luce del modello operativo, della strategia aziendale e dei criteri d'investimento.

Controlli fondamentali di sicurezza

Il quinto passo del processo d'implementazione del SGSI è identificare e istituire i controlli che devono soddisfare gli obblighi giuridici, normativi e contrattuali dell'organizzazione (dovrebbe un numero di obblighi diversi, in base alle varie giurisdizioni in cui opera). È, inoltre, necessario identificare qualsiasi controllo che possa essere richiesto da clienti e fornitori o da altri mandati contrattuali per poi includerli nella serie di controlli fondamentali. La banca dati delle conformità SGSI (*www.itgovernance.co.uk/shop/product/uk-it-legal-compliance-database*) è uno strumento utile che aiuta a identificare le contromisure specifiche che potrebbero dover controllare i rischi derivanti da un difetto nell'ottemperanza degli obblighi giuridici, normativi e contrattuali.

78

Valutazione del rischio

La valutazione del rischio è definita nella norma ISO 27000 come un processo che combina identificazione, analisi e valutazione del rischio. L'identificazione del rischio è "il processo svolto per trovare, riconoscere e descrivere i rischi", l'analisi del rischio è "l'uso sistematico delle informazioni per valutare il rischio" e la valutazione del rischio è "il processo di comparazione del rischio stimato rispetto ai criteri di rischio dati" per determinarne il significato.

In parole povere, la valutazione del rischio è l'esame sistematico e metodologico di: a) realistica probabilità di un rischio insorgente e b) probabile danno operativo derivante da tali rischi.

La valutazione del rischio dovrebbe essere un processo ufficiale. In altre parole, il processo dovrebbe essere pianificato e l'inserimento, l'analisi e i risultati dei dati dovrebbero essere registrati. "Ufficiale" non significa che gli strumenti di rischio tecnico devono essere utilizzati anche se, in situazioni più complesse, possono migliorare il processo e aggiungere un significativo valore. La complessità della valutazione del rischio dipenderà dalla complessità dell'organizzazione e dei rischi sottoposti a riesame. Le tecniche utilizzate dovrebbero essere compatibili con tale complessità e con il livello di assicurazione richiesto dal Consiglio di amministrazione.

Processo di valutazione del rischio in cinque fasi

Una valutazione del rischio di successo richiede un processo composto da cinque fasi.

1. Stabilire un framework per la valutazione del rischio.

2. Identificare i rischi.
3. Analizzare i rischi.
4. Valutare i rischi.
5. Selezionare le opzioni di gestione del rischio.

I professionisti esperti della sicurezza delle informazioni e di gestione del rischio sanno che i metodi di valutazione manuale dipendono fortemente da uno o due individui all'interno dell'organizzazione, sono costosi da realizzare e comportano dispendio di tempo (tentativo ed errore) e spesso sono soggetti a incoerenze processuali e di dati che minano l'integrità e l'affidabilità dei risultati. Pertanto, usano sempre un software di valutazione del rischio specificamente ideato per la norma ISO 27001 che segue le cinque fasi per ottenere con successo la predetta valutazione al fine di raggiungere gli obiettivi di gestione del rischio dell'organizzazione in modo solido ed economico.

Chi conduce la valutazione del rischio?

A meno che l'organizzazione non possieda già una funzione di gestione del rischio ricoperta da personale con adeguata formazione che consenta di eseguire le valutazioni del rischio, dovrà (in base alla complessità dell'organizzazione) delegare la responsabilità a un Lead Risk Assessor. Le modalità per fare ciò sono due. La prima è quella di avvalersi di un consulente esterno (o una società di consulenza) per svolgere il compito. La seconda è di formare qualcuno internamente. Nella maggior parte dei casi, la seconda è preferibile, poiché la valutazione del rischio dovrà essere riesaminata nel caso in cui le condizioni cambino e avere un esperto all'interno consente di procedere all'adeguamento con un buon rapporto costo/efficacia. Se esiste già un

Information Security Adviser debitamente addestrato all'interno dell'organizzazione, potrebbe assumere tale ruolo.

Nel caso in cui l'organizzazione abbia degli accordi esistenti con fornitori esterni di servizi di valutazione del rischio o stia per istituire una funzione di gestione del rischio (nell'ambito della risposta ai requisiti della Turnbull Guidance o di Basel III, forse), dovrebbe assicurarsi fin dall'inizio dell'inclusione del processo di valutazione del rischio relativo alla sicurezza delle informazioni.

Analisi del rischio

L'analisi qualitativa del rischio è di gran lunga l'approccio maggiormente usato. Tale analisi è un esercizio soggettivo in qualsiasi ambiente in cui i rendimenti derivano dai rischi assunti ed è preferibile essere "approssimativamente corretti più che precisamente sbagliati". Inoltre, il processo di valutazione del rischio dovrebbe consentire la possibilità di avere risultati positivi imprevisti o quanto che la Norma definisce "opportunità". I rischi sono analizzati a livello di probabilità d'insorgenza e d'impatto, nel caso sopravvenga quest'ultimo, può essere positivo o negativo. Le varie organizzazioni hanno diverse soglie di accettabilità (ciò che con cui si può convivere) relativamente a probabilità e impatto e tale soglia dev'essere definita come criteri di accettazione del rischio.

Workshop sul rischio

Un modo per eseguire la valutazione del rischio (dopo aver definito e documentato il processo di valutazione del rischio) è di tenere un workshop sul rischio. Il punto di partenza del workshop dovrebbe essere la creazione da parte del Lead Risk Assessor di un elenco dei rischi che potrebbero compromettere la riservatezza, l'integrità e la disponibilità delle informazioni rientranti nel campo di applicazione del sistema di gestione e i cui ruoli all'interno dell'organizzazione potrebbero avere tali rischi.

Il workshop sul rischio dovrebbe essere organizzato e gestito dal Lead Risk Assessor e dovrebbe coinvolgere tutti i referenti del rischio all'interno dell'attività. Il ruolo del workshop del rischio è quello di garantire la completezza dell'elenco dei rischi identificati (e delle relative opportunità) e la nomina adeguata dei referenti del rischio, di determinare la probabilità e l'impatto di ogni singolo rischio identificato e di valutare i rischi rispetto ai criteri di accettazione identificati.

Impatti

È importante identificare gli impatti derivanti dal verificarsi di un evento di rischio sulla disponibilità, riservatezza e integrità delle informazioni (analisi dell'impatto). Quando possibile, a tali impatti dovrebbe essere assegnato un presunto valore economico, usando un sistema di classificazione (i.e. meno di £1k, fra £1k e £10k, ecc.) che riflette la dimensione dell'organizzazione e il costo totale (diretto e indiretto) dell'incidente.

Per valutare la probabilità dell'evento verificatosi serve usare un sistema di classificazione una volta ogni tanti anni, una volta l'anno, una volta ogni sei mesi, ecc. Gli attacchi dovuti a virus dovrebbero rientrare nella categoria della quotidianità.

In questo modo è possibile identificare il livello di rischio (pragmaticamente, una classificazione basso-medio-alta relativamente ai livelli d'impatto e probabilità è solitamente adeguata a un'organizzazione più piccola) e poi concludere, per ogni rischio e alla luce dei controlli già presenti, se accettabile o se è necessaria una forma di controllo aggiuntivo.

Controlli

La valutazione del rischio comporta la scelta di controlli che vanno oltre quelli che potrebbero rientrare in quelli che ho definito fondamentali. È importante ricordarsi che la valutazione del rischio non è un esercizio usa e getta. Dovrà essere ripetuta regolarmente per verificare che la valutazione di base sia ancora precisa e che i controlli adottati siano ancora consoni. Sarà necessario eseguire costantemente delle valutazioni del rischio specifiche in caso di cambio di condizioni, struttura o ambiente operativo o di modifica del profilo di rischio. Ogni decisione presa relativamente ai controlli da adottare dev'essere guidata da una valutazione del rischio.

L'approccio a tale valutazione sarà un caposaldo per il SGSI, per questo molte organizzazioni usano gli strumenti di valutazione del rischio come parte del sistema di gestione.

Strumenti di valutazione del rischio

La maggior parte delle organizzazione mira ad automatizzare il processo di valutazione del rischio, in modo che le buone pratiche siano integrate nell'organizzazione. Ciò si realizza facilmente acquisendo e usando un software di valutazione del rischio per la norma ISO 27001. I vantaggi dell'automazione risultano evidenti fin da subito in termini di semplificazione dell'effettiva valutazione del rischio. I benefici a lungo termine sono ancora maggiori per via della solidità di esecuzione del processo di riesame e conservazione.

vsRisk™ è un software sviluppato specificamente per l'automazione delle valutazioni del rischio della norma ISO 27001. Per ulteriori informazioni sul software vsRisk™: *www.vigilantsoftware.co.uk*.

Contromisure

La valutazione del rischio è il cuore del SGSI mentre le contromisure adottate dall'organizzazione andranno a formare una parte significativa del sistema completo. La verità è che una gran parte del tempo dedicato al progetto sarà investito nella progettazione, attuazione, prova e revisione di contromisure adeguate per i rischi identificati. Pertanto, è importante avere una panoramica di tali contromisure.

I concetti di *rischi* e *contromisure* sono collegati e fondamentali per i sistemi di gestione della sicurezza delle informazioni. Il rischio potrebbe essere definito come "la combinazione della probabilità di un evento e le sue conseguenze". La norma ISO/IEC 27000 definisce la contromisura come un "mezzo di gestione del rischio". La contromisura include politiche, procedure, linee guida, pratiche e strutture organizzative, che possono avere una natura amministrativa, tecnica, gestionale o giuridica. Da notare che le contromisure di sicurezza delle informazioni non sono semplicemente di natura tecnica. Se cosi fossero, non avrebbero successo, anche solo perché nessuna contromisura può attuarsi e mantenersi in opera autonomamente.

Natura dei controlli

Tutti i controlli relativi alla sicurezza delle informazioni sono composti da processi/procedure, tecnologia e attività umana. Ad esempio, per quanto riguarda i virus e le minacce informatiche che sono ampiamente riconosciuti anche dai Consigli di amministrazione, il controllo A.12.2.1 della norma ISO 27001 (e il senso comune) richiede l'istituzione di controlli contro software nocivi e risulta immediatamente chiaro al riguardo che le contromisure tecnologiche devono essere unite ai controlli procedurali, perché da solo non sono sufficiente. È, inoltre, chiaro che il malware che può corrompere un sistema non è solo un problema per la continuità operativa o reputazionale, ma anche per l'impossibilità di conservare le registrazioni o di completare o presentare puntualmente i rapporti richiesti da parte dell'organizzazione.

Contemporaneamente, il controllo A.13.2.3 della norma ISO 27001 richiede che l'informazione "coinvolta nella messaggistica elettronica debba essere adeguatamente protetta". Il software anti-malware da solo non soddisfa il requisito che riguarda chiaramente email e messaggistica istantanea. Secondo il buon senso e la norma ISO 27001, è necessario un mix di tecnologia, processo e condotta corretta.

Serve, quindi, un pacchetto software adeguato, che impedisca l'entrata di virus, worm e Trojan e preveda il filtraggio delle spam. Non sarà, però, ideale se i documenti che gli utenti hanno specificamente richiesto da fonti esterne e che arrivano via mail sono eventualmente danneggiati dal software anti-malware (sappiamo, ad esempio che i PDF inviati tramite e-marketer con risposta automatica sono spesso attaccati dal software anti-malware dell'organizzazione destinataria e che lo stesso documento, quando inviato individualmente al destinatario, si trova a vivere questo problemino). Questo tipo di configurazione del software ha la tendenza a cercare di bypassare gli utenti, potenzialmente con allegati estremamente pericolosi. La messaggistica istantanea è diventata uno dei modi più semplici per aggirare le limitazioni email e la norma ISO 27001 si aspetta l'identificazione e il controllo di tali rischi.

Attualmente la sicurezza degli endpoint è un grosso problema. Tradizionalmente, il perimetro di sicurezza delle informazioni dell'organizzazione era facile da definire e difendere, ma con la proliferazione di dispositivo portatili, reti wireless e macchine mobili, tale perimetro è diventato difficile da proteggere e molto poroso. In base alla valutazione del rischio, le organizzazioni devono rivolgersi ai software che gestiranno i rischi dei palmari, invece di renderli difficili da adottare. Le reti wireless devono essere adeguatamente configurate e l'accesso mobile dev'essere eseguito con un'adeguata connessione sicura, probabilmente VPN. L'area di controllo si troverà ad interagire con la contromisura A.6.2, secondo cui l'organizzazione deve avere una politica ufficiale e opportune contromisure in atto per proteggersi dai rischi di lavorare con servizi di mobile computing.

Dovendo lavorare con il firewall senza soluzione di continuità, la versione del software anti-malware diventa rapidamente obsoleta, pertanto è necessario avere procedure che ne garantiscano l'adeguato aggiornamento. La maggior parte delle organizzazioni non ha molto tempo per testare l'anti-malware o altri aggiornamenti normali, di affidabilità e di sicurezza. Tuttavia, exploit e attacchi hanno rivelato che le vulnerabilità si verificano sempre più velocemente (il rapido sviluppo di aggiornamenti di affidabilità e sicurezza è sicuramente critico e può essere ottenuto soltanto con processi e strutture giusti).

Inoltre, il personale dev'essere formato su cosa fare in caso di incidente (che si tratti di un virus email, un hoax o qualcuno che carica qualcosa da una chiavetta USB). E quando tutto va male (come, prima o poi, succederà inevitabilmente), bisogna avere a portata di mano un modo per tenere a galla la barca, mentre si riparano le falle.

Criteri di scelta dei controlli

Si consiglia di applicare solo i controlli che si riferiscono ai rischi presenti, per cui risultano adeguati e proporzionati. Benché sia possibile scegliere i controlli da qualsiasi fonte si ritenga adeguata, la norma ISO 27001:2013 richiede di confrontare l'eventuale controllo scelto con il catalogo di contromisure fondamentali di buone pratiche relative all'intera gamma di rischi potenziali (molti dei quali potrebbero essere affrontati dall'organizzazione). La Norma richiede, inoltre, di giustificare l'eventuale inclusione ed esclusione.

I controlli possono essere definiti come delle "contromisure per i rischi". Oltre ad accettare consapevolmente i rischi che rientrano nei criteri (definiti dal Consiglio) di accettabilità o il trasferimento di tali rischi (tramite assicurazione) ad altri, esistono tre tipi di controllo:

1. Controlli preventivi che proteggono le vulnerabilità e che rendono innocuo un attacco o ne riducono l'impatto.

2. Controlli correttivi che riducono l'effetto di un attacco.

3. Controlli investigativi che scoprono attacchi e attivano controlli preventivi o correttivi.

I controlli non sono implementati senza tener conto del costo. Nessun Consiglio di amministrazione dovrebbe approvare una proposta SGSI che cerchi di eliminare tutti i rischi operativi perché in fondo l'attività vive in un contesto di rischio e in quanto unica forma totalmente priva di rischi sarebbe praticamente morta, quindi non avrebbe senso proporre il controllo dei rischi.

È essenziale che tutti i controlli che vengono implementati siano economicamente convenienti. Il principio è che il costo d'implementazione e di manutenzione di un controllo non dovrebbe essere superiore a quello identificato e quantificato dell'impatto della/e minaccia/minacce identificata/e. Non è possibile avere la sicurezza totale contro ogni singolo rischio. Il trade-off comporta un'efficace sicurezza contro la maggior parte dei rischi.

Nessuna organizzazione dovrebbe investire nella tecnologia di sicurezza delle informazioni (hardware o software) o implementare i processi o le procedure di gestione relativi alla sicurezza delle informazioni senza aver eseguito un'appropriata valutazione del rischio che assicura che:

- l'investimento proposto (costo totale del controllo) è lo stesso o inferiore rispetto al costo dell'impatto della minaccia identificata;

- la classificazione del rischio, che prende in considerazione la probabilità, è adeguata per l'investimento proposto, e

- la priorità del rischio è stata presa in considerazione (i.e. tutti i rischi con elevata priorità sono già stati adeguatamente controllati e, pertanto, è più conveniente investire nel controllo).

Se l'organizzazione non può accertare che l'investimento proposto soddisfa tali criteri, sarà uno speco di soldi e tempo necessario a implementare il controllo, lasciandola esposto a rischi più probabili e, in teoria, con risorse inadeguate per rispondere al rischio più probabile nel caso si verifichi. In altre parole, esiste un rischio associato all'esecuzione (e conservazione) di un'adeguata valutazione del rischio.

Dichiarazione di applicabilità

Il secondo documento più importante nel SGSI (dopo la dichiarazione della politica relativa alla sicurezza delle informazioni) è la Dichiarazione di applicabilità o DdA. La DdA è, fondamentalmente, un elenco di tutti i controlli identificati nell'Annex A della norma ISO/IEC 27001:2013, assieme alla dichiarazione relativa all'applicazione o meno del controllo nell'organizzazione, alla giustificazione per l'eventuale inclusione o esclusione, alla dichiarazione relativa alla richiesta di controllo o meno e all'effettiva implementazione o meno. La DdA comprende, inoltre, controlli scelti da altre fonti, se presenti.

Le decisioni relative al trattamento del rischio (accettare il rischio, respingerlo, trasferirlo con assicurazione o controllarlo, anche descritti come "trattenere, evitare, condividere e modificare") devono essere prese per ogni rischio in base alla predeterminata propensione al rischio e nel contesto del framework di valutazione del rischio. Le decisioni relative al trattamento del rischio devono essere giustificate dalla valutazione del rischio (riconoscere i controlli fondamentali richiesti per soddisfare gli obiettivi giuridici, normativi e contrattuali) e ogni controllo dovrebbe essere proporzionato al rischio identificato.

La norma ISO/IEC 27002 ha lo status di codice di condotta e fornisce una guida dettagliata su come implementare ognuno dei 114 controlli nell'Annex A della norma ISO/IEC 27001. Le migliori linee guida attualmente esistenti sul mercato e che trattano la DdA partendo dal controllo sono quelle contenute in *IT Governance – An International Guide to Data Security and ISO27001/ISO27002, Sixth Edition,* (IT Governance - guida internazionale alla sicurezza dei dati e ISO27001/ISO27002, sesta edizione) scelta come testo post-laurea della Open University proprio per via della qualità della trattazione di questo componente fondamentale del SGSI. Indipendentemente dal fatto di usare consulenti o meno per il progetto, la guida sarà indispensabile[1] per il progetto SGSI.

Piano di trattamento del rischio

Il documento più importante dopo la DdA è il piano di trattamento del rischio (PTR), che definisce i passi da fare per gestire ogni rischio identificato nella relativa valutazione. I rischi che vengono accettati o respinti non necessitano di ulteriori azioni, tranne per quelli respinti che richiedono una soluzione alternativa. I rischi trasferiti devono essere soggetti a trattative con assicuratori e/o fornitori. I rischi da sottoporre a controlli richiedono

---

Il giudizio non dipende dal fatto che sono uno dei co-autori del presente testo, la verità è che non c'è niente di simile sul mercato.

un'azione e il PTR descrive ciò che dev'essere fatto, da chi e quando.

CAPITOLO 7: IMPLEMENTAZIONE

Il settimo passo dei nove previsti riguarda principalmente l'implementazione del piano di trattamento del rischio, mettendo in atto le contromisure scelte per la sicurezza delle informazioni. Gli aspetti tecnici dell'implementazione delle contromisure (riconfigurazione dei firewall, implementazione di boot-level encryption sui portatili, segregazione delle reti, soddisfazione dei requisiti di conformità DPA e PCI e via di seguito) dipendono prima di tutto da competenza dei responsabili dell'implementazione.

I punti focali di questo passo sono, pertanto, la competenza dei membri del team per la sicurezza delle informazioni e di tutti gli altri all'interno dell'organizzazione che saranno responsabili dei processi documentali per la comunicazione di contromisure e processi modificati e per la sensibilizzazione, formazione e istruzione del personale. A questo punto, si dovranno gestire anche i processi esternalizzati.

Competenze

Sarà necessario implementare un processo per determinare, riesaminare e conservare le competenze necessarie per il raggiungimento degli obiettivi SGSI. La norma ISO 27000:2014 definisce la competenza come "l'abilità di applicare le conoscenze e le capacità necessarie per ottenere i risultati previsti". Ma quali sono le competenze necessarie in questo caso?

Per rispondere alla domanda sarebbe necessario condurre un'analisi delle esigenze, valutando le competenze richieste per una gestione efficace del SGSI. Spetta all'organizzazione definire la competenza, tanto in termini di esperienza quanto di qualifiche. Oggigiorno esiste un numero contenuto di persone che possiedono una significativa esperienza ISO 27001 e, pertanto, le organizzazioni tendono a puntare sulle qualifiche ufficiali come modo di determinazione e valutazione delle competenze. Ne abbiamo già parlato prima, i ruoli di Lead Implemeter per la sicurezza delle informazioni, Lead Auditor per SGSI e Lead Auditor per SGSI necessitano di competenze tradizionali e le qualifiche IBITGQ in questo campo sono modi classici con cui le organizzazioni dimostrano di aver acquisito quanto necessario.

Tuttavia, la sicurezza delle informazioni richiede molto più di una semplice implementazione e di competenze di verifiche ispettive.. Servono competenze nelle aree di valutazione del rischio, continuità operativa e gestione degli incidenti, oltre che in aree più tecniche, quali prova della sicurezza, architetture di rete per la sicurezza e così via. Qualifiche tipo CISMP, CISSP, CEH e CISM stanno diventando sempre più comuni fra gli esperti di sicurezza delle informazioni, ma è necessario tenere presente anche le qualifiche specifiche, quali quelle relative alla gestione della sicurezza Microsoft o Cisco o dell'infrastruttura PKI, ad esempio.

Una volta stabilite le competenze richieste per il SGSI, si passa all'acquisizione, tramite reclutamento, sub-contratto o, più praticamente, alla formazione e qualificazione del personale esistente. Le organizzazioni pubbliche di formazione (come la divisione formazione di IT Governance Ltd) offrono corsi di formazione specifici e iscrizione ai relativi esami.

La prova delle competenze acquisite dev'essere conservata, preferibilmente nei file individuali RU.

Il requisito di "tutte le persone"

La Norma richiede che "tutte le persone sotto il controllo dell'organizzazione" siano adeguatamente consapevoli della politica relativa alla sicurezza delle informazioni, del SGSI (e al loro contributo) e delle implicazioni di eventuali non conformità con i requisiti SGSI. Il gruppo di persone soggette a tale requisito dovrebbe includere, oltre ai dipendenti, tutti gli associati e gli appaltatori impegnati in lavori per conto dell'organizzazione o nell'ambito della relativa sicurezza, partendo dagli addetti alle pulizie fino ai tecnici di supporto di rete.

Mentre è relativamente semplice fare questo lavoro con personale e appaltatori diretti, risulta più difficile con persone indirettamente impegnate a svolgere il lavoro sotto il controllo dell'organizzazione. Addetti alle pulizie ed esperti di rete, dipendenti di terzi che hanno un contratto di servizio specifico con l'organizzazione dovrebbero essere sotto il controllo di quest'ultima quando nei suoi locali. È necessario inserire nei contratti con i fornitori l'obbligo di garantire che il personale rispetti questo requisito, agevolandone l'ottemperanza.

Consapevolezza del personale

La Norma richiede, inoltre, che tutto il personale riceva una formazione in relazione al SGSI e che la consapevolezza dei problemi di quest'ultimo e della sicurezza dell'informazione sia mantenuta nel tempo. Perfettamente ragionevole. Il personale può essere l'anello più debole dell'organizzazione e in un'epoca in cui "hackerare le persone" è solo una delle abilità standard della maggior parte degli hacker informatici, il personale deve stare costantemente in guardia. Ovviamente è possibile che il personale faccia errori, ad esempio nell'inserimento di dati, che potrebbero avere risultati catastrofici come un importante attacco informatico. A livello pratico, ciò significa che il personale necessita di una formazione di base al momento dell'inserimento nell'organizzazione su come operano i sistemi IT e su quali sono gli obblighi relativamente alla sicurezza delle informazioni. Inoltre, la maggior parte del personale dovrebbe firmare un accordo d'uso accettabile al momento dell'inserimento nell'organizzazione. Il presente documento spiega in dettaglio tutti gli aspetti dei comportamenti previsti, dall'importanza della password fino alle politiche clean desk & clear screen fino alla protezione PII. La formazione iniziale dovrebbe quantomeno coprire tutti i requisiti d'uso accettabile, oltre alle politiche e procedure a cui l'utente dovrebbe conformarsi.

Si dovrebbero tenere regolarmente corsi di aggiornamento, che potrebbero riguardare le stesse aree della formazione iniziale o variare con aggiornamenti per seguire l'evoluzione dell'ambiente di rischio. Dovendo mantenere una continuità con l'accordo di uso accettabile, riproporre la stessa formazione di base ha sempre senso.

Tre sono le sfide da affrontare con il metodo tradizionale di realizzazione della formazione, che è una sorta di sessione di gruppo. La prima è che è costoso a livello di formatore e tempo per il personale. La seconda è che, inevitabilmente, non tutti riescono a frequentare il corso e sono proprio le persone che non frequentano ad avere le più alte probabilità di causare il problema. La terza è che di solito non è possibile avere la prova che al corso tutti prestino l'attenzione giusta e imparino quello che devono. Per un esito positivo in giudizio, potrebbe essere necessario dimostrare che l'eventuale trasgressore era effettivamente consapevole delle azioni sbagliate commesse.

Le organizzazione affrontano sempre più frequentemente queste sfide utilizzando l'e-learning, vale a dire che il corso di consapevolezza del personale viene effettuato online. Un corso di formazione del personale della durata di 40 minuti può essere realizzato senza spese eccessive e a tutti gli interessati all'interno dell'organizzazione con una tempistica specifica. Con questa modalità è possibile assicurarsi che tutti seguano il corso di formazione poiché verrà effettuato all'orario più conveniente. Tutti ricevono lo stesso messaggio ed è possibile inserire dei test nel corso al fine di avere una prova che le persone hanno appreso quanto dovuto.

L'aspetto più importante del corso di formazione online sulla conformità della consapevolezza del personale è l'entità della relazione amministrativa. L'interattività del corso è molto meno importante e questo è un vantaggio perché consente di contenere i costi in fase di realizzazione, con cloud provider e con il sistema interno di gestione della formazione.

IT Governance è una delle tante organizzazioni che offrono corsi di formazione del personale online per la norma ISO 27001.

Ovviamente, la formazione sulla consapevolezza del personale spesso combacia con la strategia di comunicazione dell'organizzazione. Mantenere aggiornato il personale a livello di consapevolezza della sicurezza delle informazioni significa praticamente costruire sulla formazione iniziale e ripeterla, tenendo conto che sarà fondamentale per mantenere la consapevolezza del personale relativamente ai pericoli di un'ampia serie di attacchi sociali di tipo tecnico.

Processi esternalizzati

La norma ISO 27001 specifica che i processi esternalizzati devono rientrare nel campo di applicazione del SGSI, anche se l'organizzazione che realizza il processo è per definizione al di fuori del campo di applicazione. Il processo esternalizzato è quello in cui l'organizzazione ha stipulato un contratto con terzi per la gestione o la realizzazione di servizi per suo conto, come il supporto desktop. Un servizio esternalizzato non è necessariamente uguale a un servizio acquistato. Mentre è possibile determinare come viene realizzato un servizio esternalizzato, si può sapere poco su quello acquistato.

I processi che rientrano nel campo di applicazione del SGSI devono essere controllati. Solitamente, i processi esternalizzati sono controllati con una serie di:

- termini e condizioni contrattuali,

- questionari relativi alla sicurezza delle informazioni per il fornitore.

- assicurazione del monitoraggio e mandato e/o

- verifica ispettiva del fornitore.

CAPITOLO 8: MISURAZIONE, MONITORAGGIO E RIESAME

Un SGSI efficace aiuta l'organizzazione a raggiungere gli obiettivi della sicurezza delle informazioni collegati a quelli operativi, normativi e contrattuali. Inoltre, dovrebbe essere delegato con livelli adeguati all'interno dell'organizzazione.

La norma ISO 27001 richiede che l'organizzazione "migliori continuamente l'idoneità, l'adeguatezza e l'efficacia del SGSI". La Norma richiede, inoltre, che i requisiti relativi alle azioni correttive siano soddisfatti grazie a un efficace piano di audit SGSI, riesame qualificato delle non conformità (parte delle responsabilità dell'Information Security Manager), procedure di risposta agli incidenti e relativa documentazione.

La combinazione dei processi di monitoraggio, misurazione e attivazione di azioni correttive (unitamente al processo di riesame ufficiale e a una solida struttura di audit interno) nel contesto di un SGSI consentirà di avviare un miglioramento continuo per l'intera organizzazione. (Ovviamente se l'approccio originale all'implementazione del SGSI mirava a una struttura con progetto di miglioramento continuo della sicurezza, tale concetto si rifletterà nella logica sottostante del SGSI.)

Un approccio a lungo termine per il miglioramento continuo dovrebbe includere la misurazione dell'efficacia del SGSI, dei processi e delle contromisure adottati. La norma ISO 27001 richiede misurazioni efficaci e l'inserimento della trattazione dei relativi risultati nei punti della riunione per il riesame della gestione. Chiaramente la sicurezza delle informazioni è una funzione organizzativa che necessita di essere misurata a livello di target prestazionali esattamente come altre parti dell'organizzazione. L'organizzazione deve, inoltre, essere in grado di misurare i progressi relativi agli obiettivi di sicurezza aziendale, come richiesto dalla norma ISO 27001.

Al fine di sviluppare un'utile serie di misurazioni, l'organizzazione dovrà identificare cosa misurare, come e quando farlo.

Le aree principali da considerare per il contributo agli obiettivi, chiave e non, del SGSI dell'organizzazione includono:

• efficacia delle contromisure identificate e dei gruppi di controllo che riguardano i rischi più significativi nella relativa valutazione,

• efficacia e convenienza della formazione, istruzione e consapevolezza relativamente alla sicurezza delle informazioni dell'organizzazione,

• entità ed efficacia della gestione e risoluzione della vulnerabilità,

• miglioramento dell'efficacia generata dai controlli di accesso e dai contratti esterni,

• efficacia del processo di gestione degli incidenti,

• efficacia della sicurezza del perimetro e della velocità di rimedio con il pentest.

Verifica ispettiva interna e test

La norma ISO 27001 richiede che le verifiche ispettive interne del SGSI siano condotte a intervalli programmati.

Il SGSI deve operare in modo concreto. Una volta identificati i rischi e implementati i controlli che sembrano più appropriati, serve assicurarsi di due cose: 1) che i controlli funzionino come previsto e 2) che in caso di sopraffazione (e, prima o poi, succederà) le contromisure di emergenza funzionino.

Una volta pianificato e implementato il sistema di gestione e ogni controllo, questi dovranno essere testati per vedere se funzionano conformemente al piano, per poi venir migliorati alla luce dei risultati ottenuti.

I tipi di test da considerare sono quattro. Il primo è una verifica ispettiva interna in cui un revisore SGSI adeguatamente formato esamina la procedura documentata, chiedendo prove che quanto descritto è effettivamente ciò che viene fatto. Come parte del progetto SGSI, sarà necessario creare un team di revisori interni SGSI debitamente formati. I membri possono essere reclutati internamente, devono essere adeguatamente formati e dovranno soddisfare i requisiti del team di audit a lungo termine, ma non si occuperanno mai di revisioni relative a qualsiasi parte dell'attività di cui sono (o i loro superiori sono) responsabili.

Il secondo è un "test cartaceo" limitato. È un esercizio intellettuale che richiede la presenza di più di una persona, nonché familiarità con le vulnerabilità del bene, i meccanismi di controllo e i meccanismi e composizione delle probabili minacce. Una volta assodate le predette conoscenze (che dovrebbero essere attuali e basate su esperienze e tecnica), si potrà testare logicamente l'efficacia dei colloqui (come la gestione degli incidenti e i controlli di continuità operativa).

Il terzo è una prova concreta, che potrebbe, ad esempio, riguardare lo spegnimento del server durante il normale funzionamento per vedere se i sistemi APS e le procedure di spegnimento funzionano come specificato. Le prove concrete non devono essere effettuate senza aver prima adottato le misure necessarie per garantire che il sistema possa essere ripristinato al punto in cui era al momento dell'esecuzione del test, nel caso qualcosa vada storto. Questo tipo di prova comprende il pentest effettuato da una società specializzata che dovrebbe mettere alla prova tanto i controlli scelti quanto la valutazione del rischio. In altre parole, il responsabile del pentest dovrebbe cercare di entrare nel sistema usando metodi sconosciuti all'organizzazione. In seguito, si valuterà se le minacce richiedono un controllo.

Il quarto e ultimo tipo di test ha uno scenario su larga scala ed è solitamente usato per mettere alla prova i piani di continuità operativa e i principali incidenti informatici. Di solito, questi test cercano e analizzano gli eventi di più giorni in un tempo molto ristretto e richiedono che tutti gli attori del disastro reale svolgano i compiti richiesti nel gioco di ruolo. I test richiedono un'importante pianificazione e rappresentano un'area sensibile in cui utilizzare conoscenze esterne e specialistiche.

Sarà necessario programmare verifiche ispettive e test in modo che tutti gli aspetti del SGSI siano coperti nel corso dell'anno, tenendo conto che alcuni controlli dovranno essere verificati più regolarmente di altri. Sarà, pertanto, necessario eseguire una valutazione del rischio per stabilire la frequenza dei test da condurre. Le verifiche ispettive per la certificazione esterna richiederanno la presentazione delle prove delle verifiche ispettive e dei test interni, dei risultati dell'attività e dei dettagli sull'utilizzo dei risultati operativi per migliorare e rinforzare il SGSI. Si dovrebbe tenere presumibilmente conto che i revisori per la certificazione esterna vorranno avere prove almeno dell'ultima serie di verifiche ispettive e test. Per ottenere la certificazione dopo meno di un anno di test, sarà necessario progettare un test e un ciclo di verifiche ispettive che coprano tutti gli aspetti critici della missione del SGSI in un arco di tempo ridotto. Non esiste un approccio inusuale e la maggior parte degli organismi di certificazione accettano l'esistenza di punti che non richiedono di essere verificati con regolarità.

Riesame della gestione

L'alta direzione dovrebbe riesaminare le prestazioni del SGSI almeno su base annuale. Gli input al processo di riesame della gestione includeranno tutti i risultati delle verifiche ispettive interne e dei test, così come l'attività di miglioramento continuo, l'analisi delle non conformità e gli incidenti che si sono verificati durante il periodo precedente. Come già detto, la root cause analysis è l'approccio preferito.

Il riesame della gestione dovrebbe analizzare le prestazioni del sistema di gestione e le misurazioni che descrivono come il SGSI funziona relativamente agli obbiettivi da raggiunge. Dovrebbe, inoltre, guardare al mondo in cui l'organizzazione opera al fine di garantire di muoversi adeguatamente per quanto riguarda i cambiamenti all'ambiente operativo e dei relativi rischi.

CAPITOLO 9: CERTIFICAZIONE

Benché la scelta dell'organismo di certificazione non abbia alcuno impatto sul successo nell'ottenimento della certificazione, ci sono un paio di questioni da prendere in considerazione al momento della decisione (non necessarie se si sono già fatti progressi nella preparazione alla certificazione). Ovviamente, si verificherà l'adeguatezza culturale con il fornitore dei servizi di certificazione e l'accettabilità dei prezzi ecc.

Ci sono altre due questioni chiave che devono essere prese in considerazione quando si effettua la scelta: la prima riguarda le organizzazioni che hanno già uno o più sistemi di gestione certificati esternamente, la seconda interessa in particolare alle organizzazioni che devono gestire la norma ISO 27001.

È fondamentale che il SGSI sia totalmente integrato nell'organizzazione. Non potrà funzionare efficacemente se risulta essere un sistema di gestione separato che esiste al di fuori e parallelamente a qualsiasi altro sistema simile. Logicamente, ciò significa che il framework, i processi e i controlli del SGSI devono essere integrati, ad esempio, nel sistema di gestione della qualità ISO 9001 quanto più possibile. Pertanto, anche la valutazione dei sistemi di gestione dev'essere integrata: un'unica verifica ispettiva che si occupi di tutti gli aspetti del sistema di gestione. Qualsiasi altra opzione è troppo dannosa, costosa o distruttiva delle buone pratiche operative. Si dovrebbe assicurare che chiunque venga scelto per la verifica ispettiva SGSI possa garantire effettivamente un servizio di valutazione integrata

9: Certificazione

La seconda questione da considerare in fase di scelta del fornitore dei servizi di certificazione è l'approccio dell'organismo. Fondamentalmente, un SGSI è studiato per rispecchiare la valutazione dei rischi di un'organizzazione relativamente alla sicurezza delle sue informazioni. In altre parole, un SGSI non è mai uguale a un altro. Pertanto, è importante che ogni valutazione esterna tenga conto delle peculiarità del SGSI in modo che il cliente ottenga una valutazione che *aggiunge valore* all'attività, piuttosto che avere un confronto puramente meccanico del sistema con i requisiti della norma ISO 27001.

Una volta scelto l'organismo di certificazione e quando l'organizzazione è pronta alla relativa verifica ispettiva, si dovrà far tesoro dei sei segreti per ottenere il successo finale. Ovviamente, nessuno di questi segreti consentirà di superare una verifica ispettiva quando non si è fondamentalmente pronti, né consentirà a un SGSI inadeguato di ottenere la certificazione. Tuttavia, tali segreti possono garantire che tutti gli aspetti positivi del SGSI siano notati e che i revisori abbiano un'impressione generale favorevole.

1. Impressionare i revisori fin da subito, assicurandosi che la documentazione sia completa, esauriente e disponibile per la consultazione al momento della visita iniziale (quella che avviene prima dell'effettiva verifica ispettiva di certificazione). La prima visita è specificamente ideata per determinare se il SGSI è pronto per la verifica ispettiva esterna.

2. Assicurarsi che tutte le registrazioni dei test e delle verifiche ispettive interne siano immediatamente disponibili per i revisori certificativi quando pianificano e avviano il lavoro. Dovrebbero poter usare queste registrazioni per concentrare la loro attenzione sulle aree

chiave del SGSI, pertanto, in primis, assicurarsi che siano state ben testate. Nessun revisore esterno è propenso ad abilitare un sistema che rischia di essere violato una settimana dopo e la completezza del lavoro svolto darà fiducia al revisore.

3. Insegnare al personale dell'organizzazione a essere completamente aperto e onesto con i revisori, soprattutto per quanto riguarda ciò che si ritiene non sia all'altezza della Norma, per due scopi precisi: eliminare le debolezze che potrebbero radicarsi e dimostrare ai revisori di avere un'organizzazione aperta che identifica e gestisce questioni di sicurezza. Al contrario, il tentativo di suggerire che tutto è perfetto all'interno dell'organizzazione provocherà soltanto incredulità tra i revisori, che hanno imparato, grazie a una lunga esperienza, che nessun sistema è esente da difetti e che ogni tentativo di fingere perfezione nasconde una miriade di imperfezioni non rilevate in precedenza. Non incoraggiare i revisori a iniziare a cercare tali imperfezioni.

4. Insegnare al personale che probabilmente verrà intervistato dai revisori a mostrare come funziona il sistema in esame e a rispondere soltanto alle domande in modo specifico, senza spiegare niente al di fuori dell'argomento trattato. In questo modo si dimostrerà ai revisori che il personale è perfettamente concentrato, evitando il rischio che qualcuno parli troppo, portandoli a esaminare un aspetto del SGSI che non necessita alcuna ispezione.

5. Assicurarsi criticamente che la direzione sia totalmente coinvolta nella verifica ispettiva di certificazione. Se necessario, provare con l'alta direzione il tipo di domande che potranno essere poste e i tipi di risposte che ci si

aspetta vengano date. Mentre l'alta direzione dovrà essere perfettamente in grado di gestire la verifica ispettiva (in quanto coinvolta e totalmente impegnata nel progetto SGSI fin dall'inizio), potrebbe non essere totalmente consapevole del modo migliorare per dimostrare tale impegno a un revisore esterno. L'alta direzione può dare un sostanziale contributo al buon esito della certificazione con il giusto comportamento.

6. Prepararsi ad argomentare, in modo esclusivamente costruttivo e pacifico, ma se ci sono questioni che si ritiene il revisore abbia frainteso relativamente al SGSI o a un aspetto specifico del sistema, o se si pensa che abbia interpretato male la norma e, pertanto, intenda registrare una non conformità (maggiore o minore) inesistente, si dovrà spiegare, con la debita calma e fermezza, la situazione effettiva. I revisori rispondono negativamente a qualsiasi tentativo di intimidirli o sminuire il loro operato e (solitamente) rispondono positivamente a qualsiasi tentativo costruttivo di aiutarli a ottenere il risultato migliore. Inoltre, maggiore è la loro convinzione dell'impegno profuso per rendere efficace a lungo termine il ISMS e più saranno disposti a concedere il beneficio del dubbio su eventuali decisioni marginali.

Se l'organizzazione ha seguito diligentemente tutte le raccomandazioni contenute nel presente libro, il risultato della verifica ispettiva iniziale dovrebbe essere la certificazione del SGSI per la norma ISO 27001 e l'emissione del relativo certificato. Quest'ultimo dovrebbe essere adeguatamente esposto e l'organizzazione dovrebbe iniziare a prepararsi per la prima ispezione che avrà luogo da sei a nove mesi dopo. Qualsiasi non conformità minore dovrebbe essere chiusa per email e qualsiasi raccomandazione per la certificazione dipenderà da ciò entro un arco di tempo stabilito.

Il certificato si riferirà all'ultima versione della DdA e i revisori verificheranno gli aggiornamenti nelle visite successive. Pertanto, al momento della presentazione di una copia del certificato ai clienti, agli azionisti o ad altre parti, l'organizzazione dovrebbe essere pronta a fornire una copia della DdA più recente. Benché tale dichiarazione sia un documento in evoluzione, che viene aggiornato come e quando necessario, l'organizzazione dovrebbe cercare di ridurre al minimo tali interventi.

RISORSE PER ISO 27001

Kit documentale SGSI per ISO 27001:2013

Informazioni generali

Il kit documentale SGSI per ISO 27001:2013 (ISO 27001:2013 ISMS Documentation Toolkit) è stato sviluppato dai nostri esperti ISO27001 inserendo pratiche ed esperienze reali in comodi template.

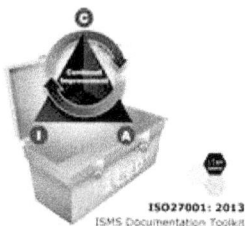

Questo strumento documentale accelererà qualsiasi progetto SGSI, riducendo i costi e lo stress e riflettendo lo stile sociale e il branding.

Benefici

- Accelera l'implementazione del sistema di gestione, con risparmio di tempo e soldi,
- fornisce alle parti interessate una prova dell'adeguata gestione dei rischi,
- garantisce che niente sia escluso dalla documentazione SGSI,
- offre la conformità alla norma ISO 27001:2013, facilitando e semplificando il lavoro del responsabile e del team,
- riduce il margine di errore e dello spreco di tempo in fase di sviluppo dei template,
- elimina eventuali vicoli ciechi del progetto,

- facilita l'integrazione della documentazione SGSI con i processi operativi.

Caratteristiche

- Totalmente personalizzabile,
- si integra con lo strumento di valutazione del rischio vsRisk™,
- fornisce una copertura completa della norma ISO 27001:2013,
- rappresenta un input di automazione unico per gestire informazioni ripetute.

Scarica gratis il kit documentale di prova:

www.itgovernance.eu/shop/product/iso-27001-iso27001-isms-documentation-toolkit

vsRisk™

Informazioni generali

vsRisk™ consente alle organizzazioni di svolgere in tutta tranquillità le valutazioni del rischio per la sicurezza delle informazioni rispettando i requisiti della norma ISO 27001 e fornendo il framework, la banca dati e le risorse necessarie a tale scopo. vsRisk™ semplifica e velocizza il processo di valutazione, taglia i costi e garantisce accuratezza e ripetibilità, anno dopo anno.

Benefici

- Minimizza la scocciatura e la complessità di condurre una valutazione del rischio per la sicurezza delle informazioni, risparmiando tempo e risorse,

- assicura risultati precisi e consente la ripetizione delle valutazioni anno dopo anno,

- soddisfa i requisiti della norma ISO 27001 per produrre valide valutazioni dei rischi,

- accelera l'introduzione di controlli con il kit documentale SGSI integrato,

- contiene cross-map a tutti i principali framework di controllo,

- genera rapporti per esportazione, redazione e condivisione all'interno dell'attività e con i revisori, DdA e PTR compresi.

Caratteristiche

- Rileva rischi, azioni e priorità da dashboard,

- applica i dati da due banche dati integrate,
  - o rileva minacce e vulnerabilità,
  - o sette diverse serie di controlli differenti (ISO 27001 (2005 e 2013), NIST SP 800-53, Cloud Controls Matrix, PCI DSS, Cyber Essentials, ISO 27032),

- copia, modifica e replica la valutazione dei rischi campione integrata,

- carica politiche o procedure per i controlli direttamente da un kit documentale ISO 27001,

- applica dettagli d'implementazione,

- collabora con più utenti o valutatori,

- aggiunge commenti e tempistiche,
- aggiunge o copia SGSI aggiuntivi,
- redige, modifica o stampa istantaneamente rapporti pronti per la verifica ispettiva.

Per i dettagli del prodotto:

vsRisk Standalone (singolo):
www.itgovernance.eu/shop/product/vsrisk-standalone-basic

vsRisk Multi-user (multutente):
www.itgovernance.eu/shop/product/vsrisk-multi-user-full

E-learning sulla consapevolezza del personale ISO 27001

Informazioni generali

Corso e-learning che consente ai dipendenti di meglio comprendere i rischi relativi alla sicurezza delle informazioni e i requisiti di conformità alla norma ISO 27001:2013, riducendo, in tal modo, l'esposizione dell'organizzazione alle minacce di sicurezza. Sfruttano la notevole esperienza di IT Governance a livello di consulenza e formazione, il corso è studiato per soddisfare i requisiti della norma ISO 27001:2013, che specifica quanto sia imperativo far conoscere i problemi di sicurezza ai dipendenti.

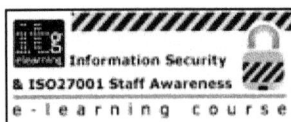

Benefici

- Uso di un linguaggio non tecnico che garantisce la comprensione dei contenuti da parte del personale,

- formazione sistematica, solida e ripetibile a più partecipanti,

- semplice da usare con contenuto informativo e pertinente,

- formazione di base ma fondamentale sulla sicurezza delle informazioni e sulla norma ISO 27001:2013, riducendo la responsabilità dell'organizzazione in caso di problemi di sicurezza,

- fornisce rapporti esaustivi a riprova che la formazione è stata effettivamente eseguita,

- può essere seguito dai dipendenti, ma può anche rientrare in un processo di istradamento per nuovi arrivati.

Panoramica del corso

- Cos'è la sicurezza delle informazioni e cosa c'entra con te

- Dove si colloca la tua organizzazione?

- Potrebbe succedere anche a te? (Scenari e domande di follow-up).

- Panoramica del concetto di sistema di gestione della sicurezza delle informazioni.

- Information security a casa.

- Information security al lavoro.

- Potenziali punti deboli: password, phishing, social media, chiavette USB, Sat Nav, perimetri sicuri, tallonamento, clear desk & screen.

- Classificazione delle informazioni.
- Proprietà intellettuale.
- Incidenti di sicurezza.
- Continuità operativa.
- Principali politiche e procedure.

Altre informazioni

Il corso comprende un test online e il certificato finale. Il corso può essere personalizzato su richiesta e può essere ospitato esternamente (dal nostro ambiente di e-hosting learning online) o internamente (dal nostro ambiente network).

Per i dettagli del corso:

www.itgovernance.eu/shop/product/information-security-iso27001-staff-awareness-e-learning-course

Pacchetto consulenza Do It Yourself ISO27001

Informazioni generali

Serie completa di risorse ideate per aiutare l'organizzazione ad implementare un sistema di gestione della sicurezza delle informazioni in linea con la norma ISO 27001.

Benefici

- Strumenti e linee guida esaustivi forniti da esperti della norma ISO 27001,

- controllo del progetto implementando un SGSI conforme alla norma ISO 27001,

- eliminazione delle costose spese di consulenza e implementazione della Norma con un budget chiaro,

- raggiungimento delle capacità necessarie per attuare la norma ISO 27001,

- consulenza dettagliata sull'implementazione basata su esperienza pratica,

- tutte le risorse quando vuoi e dove vuoi,

- impiego di strumenti per ridurre il tempo e gli sforzi richiesti per implementare un sistema di gestione.

Caratteristiche

Tre norme internazionali sono il riferimento fondamentale per attuare la Norma:

- La norma ISO 27001:2013
- La norma ISO 27002:2013
- La norma ISO 27000:2014

Due guide besteseller per l'implementazione, che forniscono le linee guida pratiche:

- *IT Governance – Guida internazionale per la sicurezza dei dati e ISO27001/ISO27002*

- *I nove passi per il successo – Panoramica per l'implementazione ISO 27001*

Strumenti di comprovata validità per risparmiare tempo e denaro:

- vsRisk™ – strumento risolutivo di valutazione dei rischi informatici

• Kit documentale ISO 27001

Per i dettagli del pacchetto:

www.itgovernance.eu/shop/product/iso27001-do-it-yourself-package

Pacchetto consulenza Get A Lot Of Help ISO 27001

Informazioni generali

Il pacchetto si compone della norma ISO 27001, di due manuali bestseller con le linee guida d'implementazione ISO 27001, di strumenti d'implementazione e dei luoghi per i corsi di formazione online per Lead Implementer e Lead Auditor.

Get A
Little Help

ISO 27001

Benefici

• Approffitta di questo mix completo di formazione, strumenti, consulenza online e software,

• risparmia soldi implementando la norma ISO 27001 senza le spese aggiuntive di consulenza,

• affronta ogni fase del progetto di implementazione ISO 27001 con strumenti di guida esperta, formazione e best-in-class,

• consente alle aziende con poca o nessuna esperienza a livello di sistemi di gestione di iniziare l'implementazione ISO 27001,

• evita costose spese di consulenza e implementa la Norma con un budget chiaro,

- consente di acquisire le abilità necessarie per attuare la norma ISO 27001,
- ricevi una consulenza dettagliata sull'implementazione basata su esperienza pratica,
- accedi a tutte le risorse quando vuoi e dove vuoi.

Caratteristiche

Il pacchetto include:

Consulenza live online:

- Due ore di consulenza live online di un esperto su problemi specifici.

Tre norme internazionali, riferimento fondamentale per attuare la Norma:

- Norma ISO 27001:2013
- Norma ISO 27002:2013
- Norma ISO 27000:2014

Due guide besteseller per l'implementazione, che forniscono le linee guida pratiche:

- *IT Governance – Guida internazionale per la sicurezza dei dati e ISO27001/ISO27002*
- *I nove passi per il successo – Panoramica per l'attuazione della norma ISO 27001*

Formazione delle capacità fondamentali, eseguita comodamente online:

- Masterclass online per Lead Implementer certificato ISO 27001

- Masterclass online per Lead Auditor certificato per ISO 27001

Strumenti di comprovata validità per risparmiare tempo e denaro:

- vsRisk™ – strumento risolutivo di valutazione dei rischi informatici
- Kit documentale ISO 27001

Per i dettagli del pacchetto:

www.itgovernance.eu/shop/product/iso27001-get-a-little-help-package

Pacchetto consulenza Get A Lot Of Help ISO 27001

Informazioni generali

Il pacchetto si compone di cinque giorni di consulenza online di consulenza strutturata e fornita da esperti, compreso norma ISO 27001, due manuali bestseller con le linee guida d'implementazione ISO 27001, strumenti d'implementazione e luoghi per i corsi di formazione online e in diretta per Lead Implementer e Lead Auditor.

Benefici

- Strumenti accuratamente sviluppati e risorse per aiutarti a soddisfare i requisiti d'implementazione ISO 27001,
- ti aiutiamo a definire framework e tempistiche per poter gestire l'esecuzione dei deliverable in base alle tue esigenze,

- beneficerai della leadership personale e delle conoscenze che ti verranno trasferite dal coach per l'implementazione,

- i costi dovuti a un esteso lavoro di consulenza, di viaggio ed altre spese sono totalmente azzerati,

- gli appuntamenti hanno orari flessibili e si tengono nei luoghi più convenienti per te e il tuo team,

- ove necessario, i nostri consulenti possono organizzare un supporto aggiuntivo che sarà fatturato separatamente, previo accordo.

Caratteristiche

Il pacchetto include:

- Consulenza coach e mentori.

Cinque giorni di consulenza strutturata per garantire che la pianificazione e l'implementazione del progetto resti sui binari giusti e gli obiettivi siano raggiunti. Si svolge online con l'aiuto di professionisti esperti.

Più i seguenti strumenti critici, corsi di formazione e guide:

- Tre norme internazionali, riferimento fondamentale per attuare la Norma:.

- Libro: *IT Governance – Guida internazionale per la sicurezza dei dati e ISO27001/ISO27002*

- Guida: *I nove passi per il successo – Panoramica per l'attuazione della norma ISO 27001*

- Masterclass online per Lead Implementer certificato ISO 27001 di tre giorni

- Masterclass online per Lead Auditor certificato ISO 27001 di cinque giorni

- vsRisk™ – strumento risolutivo di valutazione dei rischi informatici
- Kit documentale ISO 27001

Per i dettagli del pacchetto:

www.itgovernance.eu/shop/product/iso27001-get-a-lot-of-help-package

Consulenza su misura ISO 27001

Informazioni generali

Qualsiasi consulenza ISO/IEC 27001 necessiti all'organizzazione, IT Governance offre il giusto livello di servizio, da pacchetti a prezzo fisso fino a una serie completa di prodotti personalizzati che ti aiuteranno a implementare con successo un sistema di gestione per la sicurezza delle informazioni (SGSI) con certificazione garantita al 100%.

Tutti i quattro servizi di consulenza ISO 27001 possono essere forniti online per ridurre i costi e garantire un ritorno ottimale sull'investimento.

Perché migliaia di aziende si affidano a noi per un consiglio ISO 27001:

- Goditi la tranquillità di sapere che il tuo progetto è nelle mani di esperti ISO 27001 a livello mondiale,
- certificazione garantita al 100%,
- beneficia di un approccio pragmatico, comprovato e semplice,

- ricevi adeguato supporto per sviluppare un business case e assicurarti il necessario investimento per la sicurezza delle informazioni,

- mantieni il controllo sul tuo SGSI, imparando come mantenere in atto la certificazione SGSI,

- Puoi scegliere fra una vasta serie di corsi di formazione, libri e strumenti ISO 27001 la più completa del mondo,

- utilizza l'organismo di certificazione che preferisci, siamo sostenitori della certificazione indipendente,

- scegli la soluzione migliore per le tue esigenze e i tuoi obiettivi, non dipendiamo da venditori o enti certificatori,

- la nostra esperienza ci consente di aiutarti con molto più di un singolo progetto.

Servizi di consulenza

IT Governance offre tutto il supporto necessario per ottenere la certificazione ISO 27001, compresi i seguenti servizi più noti:

- **Gap analysis ISO 27001**
  Esame competente e di persona delle disposizioni relative alla sicurezza delle informazioni conformemente ai requisiti ISO/IEC 27001:2013 che risulta essere ideale per quelle organizzazioni che intendono sviluppare un business case e garantirsi l'approvazione del budget per implementare un SGSI in linea con la norma ISO 27001.

- **FastTrack™ ISO 27001**
  Pacchetto di consulenza online a prezzo fisso ideato per aiutare le piccole organizzazioni a prepararsi alla certificazione ISO 27001 in soli tre mesi. Disponibile nella versione "di persona" o online.

Per ulteriori dettagli sui servizi di consulenza ISO 27001:

www.itgovernance.eu/iso27001_consultancy

Corso di formazione per Lead Implementer certificato ISO 27001

Informazioni generali

Corso di tre giorni che copre tutte le fasi fondamentali della pianificazione, implementazione e conservazione di un sistema di gestione della sicurezza delle informazioni (SGSI) conforme ISO 27001. I partecipanti che superano l'esame previsto nel pacchetto ottengono la qualifica di Lead Implementer per SGSI certificato ISO 27001 rilasciato dall'International Board for IT Governance Qualifications (IBITGQ).

Il corso può essere in-house o live online

Risparmia tempo e spese di viaggio seguendo una formazione svolta ovunque con accesso a Internet.

Cosa imparano i partecipanti?

- Assicurarsi l'impegno dell'alta dirigenza e come costruire un business case,

- il ruolo e la struttura di una politica di sicurezza delle informazioni,

- come stabilire il campo di applicazione del SGSI in base ai requisiti della norma ISO 27001,

- sviluppare un framework di gestione,

- come strutturare e gestire il progetto ISO 27001,

- come assegnare i ruoli e le responsabilità per l'attuazione della norma ISO 27001,

- definizione del rischio nella norma ISO 27001 e le opzioni di valutazione del rischio ai sensi della Norma,

- benefici e questioni fondamentali in fase di scelta di uno strumento di valutazione del rischio,

- come condurre una valutazione del rischio per la sicurezza delle informazioni, la competenza principale per la relativa gestione,

- la Dichiarazione di applicabilità (DdA) e le giustificazioni per inclusione ed esclusione,

- riesame dei controlli esistenti e relativa mappatura ai sensi dell'Annex A della norma ISO 27001,

- come gestire e guidare il miglioramento continuo ai sensi della norma ISO 27001,

- come prepararsi alla verifica ispettiva per la certificazione ISO 27001.

Per la versione online:

www.itgovernance.eu/shop/product/iso27001-certified-isms-lead-implementer-online

Corso di formazione per Lead Auditor per SGSI certificato ISO 27001

Informazioni generali

Il corso insegna ai partecipanti come pianificare ed eseguire una verifica ispettiva per il sistema di gestione della sicurezza delle informazioni (SGSI) ISO 27001. I partecipanti che superano l'esame previsto nel pacchetto ottengono la qualifica di Lead Auditor (CIS LA) per SGSI certificato ISO 27001 rilasciato dall'International Board for IT Governance Qualifications (IBITGQ).

ISO27001 Lead
Auditor Certificate

Il corso può essere in-house o live online

Risparmia tempo e spese di viaggio seguendo una formazione svolta ovunque con accesso a Internet.

Cosa imparano i partecipanti?

- Metodo di verifica ispettiva delle buone pratiche basato su ISO 19011,

- preparare, guidare e relazionare i risultati della verifica ispettiva sulla sicurezza delle informazioni,

- condurre una verifica ispettiva SGSI conformemente alla norma ISO 27001,

- tecniche d'intervista, audit trail, riesame e documentazione della prova,

- verificare la valutazione del rischio, la continuità operativa e il miglioramento continuo,

- identificare le non conformità e garantire la messa in atto di un'adeguata azione correttiva,

- nuove abilità e conoscenze relative alla verifica ispettiva, esercizi di giochi di ruolo migliorati, workshop e riesami dei case study.

Per la versione online:

www.itgovernance.eu/shop/product/iso27001-certified-isms-lead-auditor-online-masterclass

RISORSE SU ITG

IT Governance è specializzata nel campo della sicurezza delle informazioni e della norma ISO 27001. Ci occupiamo di progettare e implementare con successo sistemi di gestione della sicurezza delle informazioni (SGSI) conformi alla norma ISO 27001 fin da quando la Norma è stata introdotta.

La nostra abilità nel fornire tutto ciò che serve per implementare SGSI delle buone pratiche con minime interruzioni e difficoltà, includendo norme, strumenti, libri, formazione, consulenza e supporto come indicato nella sezione *Risorse ISO 27001*è unica.

Servizi di pubblicazione

IT Governance Publishing (ITGP) è il marchio editoriale leader mondiale IT-GRC, interamente controllato da IT Governance Ltd.

Con i nostri libri e strumenti che coprono praticamente ogni aspetto della governance informatica, del rischio e della conformità, siamo la casa editrice preferita da molti autori e distributori. Le nostre pubblicazioni pratiche, esclusive e di eccezionale qualità sono disponibili nei formati più recenti e offrono un ottimo valore per i lettori.

www.itgovernancepublishing.co.uk è il sito dedicato a ITGP. Altri titoli utili pubblicati da ITGP:

- IT Governance – Guida internazionale per la sicurezza dei dati e ISO27001/ISO27002

  www.itgovernance.eu/shop/product/it-governance-an-international-guide-to-data-security-and-iso27001iso27002-sixth-edition

- Guida pratica della sicurezza delle informazioni
  www.itgovernance.eu/shop/product/information-security-a-practical-guide-bridging-the-gap-between-it-and-management

- Guerra cibernetica, cyberterrorismo, crimine informatico e cyberattivismo
  www.itgovernance.eu/shop/product/cyberwar-cyberterror-cybercrime-and-cyberactivism-second-edition

Forniamo anche kit di strumenti subito disponibili, come documenti esaustivi e completamente personalizzabili che permettono di sviluppare la documentazione specifica richiesta per implementare idoneamente uno standard o un sistema di gestione. Scritti da professionisti con vasta esperienza nel settore e basati sulle ultime buone pratiche, i kit di strumenti di ITGP permettono alle organizzazioni di risparmiare mesi di lavoro nello sforzo di adeguamento a un determinato standard.

Per vedere l'intera serie di kit di strumenti: *www.itgovernance.eu/shop/category/itgp-toolkits*.

I libri e gli strumenti pubblicati da IT Governance Publishing (ITGP) sono disponibili presso le principali librerie e ai seguenti siti Web:

www.itgovernance.co.uk   *www.itgovernanceusa.com*

www.itgovernance.asia   *www.itgovernancesa.co.za*

Newsletter

Per essere sempre aggiornato sugli ultimi sviluppi nel settore della governance informatica in tutti i suoi aspetti, inclusi gestione del rischio, sicurezza dell'informazione, gestione dei servizio ITIL e IT, governance di progetto, conformità e tanto altro, registrati alla nostra newsletter.

Visita il nostro centro di registrazione e seleziona in base alle tue preferenze:

www.itgovernance.eu/daily-sentinel.

Lightning Source UK Ltd.
Milton Keynes UK
UKHW020634030921
389968UK00013B/1315